中央广播电视总台

中英文视频版

编著◎ 纪录片《人生能有几回搏》摄制组

主编◎ 闫 东

新中国第一位世界冠军
容国团的故事

中国出版集团
研究出版社

图书在版编目 (CIP) 数据

人生能有几回搏 : 新中国第一位世界冠军容国团的
故事 / 纪录片《人生能有几回搏》摄制组编著 ; 闫东主
编 . —— 北京 : 研究出版社 , 2022.2

ISBN 978-7-5199-1212-3

Ⅰ . ①人… Ⅱ . ①纪… ②闫… Ⅲ . ①容国团（
1937-1968） - 传记 Ⅳ . ① K825.47

中国版本图书馆 CIP 数据核字 (2022) 第 021903 号

出 品 人：赵卜慧
出版统筹：张高里　丁　波
责任编辑：刘春雨　毛艳琴
特邀编辑：王菊芳

人生能有几回搏：新中国第一位世界冠军容国团的故事

RENSHENG NENGYOU JIHUI BO: XINZHONGGUO DIYIWEI SHIJIE GUANJUN
RONGGUOTUAN DE GUSHI

纪录片《人生能有几回搏》摄制组　编著
闫东　主编

研究出版社 出版发行

（ 100006　北京市东城区灯市口大街100号华腾商务楼 ）

北京中科印刷有限公司印刷　新华书店经销

2022年2月第1版　2022年2月第1次印刷

开本：710毫米×1000毫米　1/16　印张：15.75

字数：78千字

ISBN 978-7-5199-1212-3　定价：58.00元

电话（010）64217619　64217612（发行部）

纪录片《人生能有几回搏》
策划主创团队

目 录

活出生命怒放的每一天

陈光忠

2022 年，世界瞩目的第 24 届冬季奥林匹克运动会举行。

中央广播电视总台社教节目中心与珠海传媒集团有限责任公司联手精心打磨三年的力作《人生能有几回搏》电视纪录片，隆重播出，正当其时。

作品振奋人心，意义重大，既是雪中送炭，更是锦上添花。

该片真实、真情地重温六十多年前，新中国第一位世界冠军容国团和中国乒乓球队勇夺三块金牌的传奇而感人的故事。

抚今追昔，情浓意深，让人热血沸腾。

纪录片打破人物传记"大而全"的思路，以"短平快"的聚焦和紧凑的结构，从多个侧面重现了容国团体育人生中关键的历史瞬间，展现了他坚韧、顽强的内心世界。作品鲜明地体现了体育题材特有的动感、力感和美感，坚持用事实说话，追寻真切的纪实风格，展现容国团和他的队友们的个性、人性和血性。

岁月是有血、有肉、有灵魂的。

在讲述故事的同时，时代背景的烘托与铺垫，让我们真切地看到容国团人生拼搏的心迹和坚定的足印。

"人生能有几回搏"这句话，出自容国团在第26届世界乒乓球锦标赛参赛时，是他临危不惧、勇于争胜，敢于拼搏、敢于胜利的热血心声和誓言。

　　这句话已经超越了体育的范畴，成为传递中国精神的燃情之火炬。

　　纪录片《人生能有几回搏》播出后引起的强烈反响，是对闫东总导演及其创作团队艺术使命的真切回应。

　　让我们走近容国团，重见容国团。

　　总有一种声音让我们灵魂震撼。

　　总有一种力量让我们不能苟且和"躺平"。

　　总有一个平凡而了不起的名字让我们铭记。

　　作品千方百计搜集素材，努力发现和挖掘许多影音资料，进行思想和艺术上的筛选、整理和提纯，重新发现并首次披露了容国团的部分录音。对海内外人士进行深入访谈，其中既有与容国团相濡以沫的亲人，也有他曾经的队友、少年时期的玩伴和外国的对手、收藏家。

　　访谈的对象是清一色的老者。他们历经沧桑，思念、回忆、见证了同容国团曾经在一起的往事，异口同声赞叹容国团全身心投入中国乒乓球运动的故事。

　　容国团亲人动情地叙说，为了帮助中国女子乒乓球队打翻身仗，他推迟了婚期……

　　曾经在赛场较量过的德国、日本名将，至今仍记得容国团"快、稳、准、狠"且多变的球技，他们始终尊重这位伟大的对手。

　　老人们讲到在那勒紧裤腰带过苦日子的岁月，倾举国之力赶建北京工人体育馆的情景。尽管当时生活艰辛、收入微薄，但大家都是心往一处想、劲往一处使。不管当时社会发生了怎样的变化，他们依然满腔热情面对生活，思想和灵魂没有被侵蚀，家国情怀，永不动摇。

这是芳华已逝的那一代人身上特有的气质，是植入骨髓的一种理想的纯粹。

苍老的容音，带给我们生猛的思想形象，成为作品的亮点和动情点。

事实与情感，还原了一个立体、鲜活的容国团。

作品中用黑白胶片记录下来的风云赛事，特别是现场呈现的人物精神状态的细节，是无法复制、无法替代的"人生能有几回搏"的真实影像留存，如容国团反败为胜的深呼吸，犀利的眼神，用力跺脚跃起抽球；徐寅生的"十二大板"；郑敏之赛前在掌心写下自我加油的字句："勇敢、镇定、果断、坚持就是胜利，一定要赢。"

真实的细节，让故事更精彩。黑白的光影同数字化的画面连接和对照，反映了时代的变化，人物命运的变化，球运与国运的休戚相关。

真实的镜头语言，充溢着激情的感染力。这些镜头已成为感人至深的经典影像，定格在我们的心里。它极其深刻的内涵和历史价值将永久地与时俱进、激励来者！

当容国团手捧奖杯归国时，中国人民奔走相告这个扬眉吐气的喜讯，北京城沸腾了！

容国团临危受命，成为中国女子乒乓球队的教练。在他的带领下，中国女队经过刻苦训练，终于在第28届世乒赛上打了一个漂亮的翻身仗，一举夺得两枚金牌，实现了中国女子乒乓球的华丽转身。这是中国体育代表队在世界乒坛崛起的里程碑事件之一。

是容国团和他的队友们的不懈拼搏，奠定了乒乓球"国球"的基石；是"人生能有几回搏"的呼唤和推动，一代又一代人的努力，让中国乒乓球队用辉煌战绩，给世界带来一个个惊叹号。

毫不夸张地说，容国团短暂的 31 年生命是在拼搏中度过的。

他理所当然地应该受到我们的尊重、学习和怀念。

他被评为"中华人民共和国成立 35 年来杰出运动员""100 位新中国成立以来感动中国人物""最美奋斗者"……

他充满活力和亲和力，像我们胡同里常见的爱玩、爱动、爱交朋友、爱梦想的小哥儿。

我当时在北京拍纪录片，国家体委的朋友告诉我，容国团当年手捧鲜花和奖杯的帅哥形象，迷倒了大批国人，神州大地一度掀起了乒乓球热。当时国家体委就收到大批来自全国对容国团敬佩、祝贺和爱慕的信件，其中不乏姑娘们的情书。

今天的年轻人恐怕难以理解，在容国团奋斗的年代里，虽然物质生活匮乏，文化生活单调，但人们的精神和情感却充满了浪漫的憧憬以及奋发向上的热情和纯真。

看了这部令人思绪难平的纪录片，我感到尚有一点瑕疵，就是生活化的笔墨浅淡了些，但是，总体而言，《人生能有几回搏》是一部优秀的纪录片。作品的成功不仅是让我们听到什么，看到什么，更重要是让我们记住了什么，感悟了什么，充分发挥出纪录片的魅力。

"人生能有几回搏"的精神当然不止于体育竞赛，它还可以激励我们每个人直面人生。作品启示我们，在困境之时，时代需要我们拼搏之时，我们应如何抉择。

今天，我们迎来了朝气蓬勃的新时代。

中国面临百年未有之大变局，"人生能有几回搏"的励志名言，依然铿锵有力，催人奋进。

我们依然在"赶考"，我们依然在拼搏路上，拼搏精神就是中华民族自强不息的骨与魂。纪录片《人生能有几回搏》给我们带来了现实的思考和激励。中国出版集团研究出版社依据纪录片在今年出版同名图书，与纪录片作品交相辉映，以不同载体共同讲述了一个有关中国、中国人和中国精神的可信、可敬、可爱的故事。希望新时代青年人更好地将"人生能有几回搏"的拼搏精神发扬光大。

2022 年 1 月 9 日于中国香港

窗外涛声阵阵

（陈光忠，中国新闻社原副社长、高级记者，资深纪录片人。1984 年被评为全国优秀新闻记者一等奖。2015 年获首届中法国际纪录片微电影双年展的终身成就奖。2018 年获第八届光影纪年中国纪录片学院奖特别贡献奖。编导的《莫让年华付水流》及体育题材的《零的突破》《美的旋律》《夺标》等多部纪录电影获得金鸡奖、华表奖、百花奖。）

穿越历史时空的时代强音

何志毅

　　2022年1月3日、4日，纪录片《人生能有几回搏》在中央广播电视总台科教频道播出，片子上下两集，共90分钟，向我们完整再现了容国团拼搏奋进的人生历程。容国团是中国体育迈向世界的引路人，他喊出的"人生能有几回搏"这句话，激励着一代又一代中国人奋力拼搏，勇攀高峰，为中华民族的伟大复兴注入了无穷的精神力量。

　　我是《容国团》（吉林文史出版社2012）一书的作者。

　　开始收集整理容国团资料始于1986年。当时我在珠海市政协文史室工作，专门研究珠海地方历史。容国团是我的家乡人，收集、编写他的事迹，我责无旁贷，一种使命感油然而生。

　　为了撰写好容国团的传记，从那时候起（1986年）我就开始采访有关人士和收集有关的文字资料、图片及录音。先后找到容国团生前的领导、教练、队友、学生、好友作专题采访录音。在原国家体委查阅到容国团的自传手稿。容国团夫人黄秀珍同志在家里拿出容国团父亲容勉之老人多年收集的容国团打球的剪报资料，以及老人逝世前留下的两盒录音带给我参考。当我打开录音机，听到容勉之老人带着咳嗽声用广东话口述的录音时，心情非常激动，他叙述了容家的家史和容国团在香港生活、读书、工作、打球的真实情况。

逝者如斯，这些原始资料实在太珍贵了，如果我晚些联系他们，也许这些珍贵的史料就被湮没在历史尘埃中。如今，36年过去了，中央广播电视总台社教节目中心联合珠海传媒集团有限责任公司摄制的纪录片《人生能有几回搏》，采访了很多国内外的亲历者，这也是一次抢救历史的工作，填补了新中国第一个体育世界冠军容国团纪录片的影像空白。

记得在2018年秋末，纪录片《人生能有几回搏》创作组联系到我，说打算拍摄一部有关容国团的纪录片，希望我予以襄助。从2020年3月20日起，以闫东总导演为首的创作团队，在新冠肺炎疫情期间多次与我视频通话，希望我配合做好这项艰巨的工作，同时也希望创作团队排除万难，以血性和情怀来破解容国团"人生能有几回搏"的精神密码，共同打造一部精品力作。这次有幸参与纪录片《人生能有几回搏》的创作，实现了我的夙愿。能用纪录片的形式再现容国团精神，社会效应更大，更能催人奋发。

接到任务后，我把家里珍藏多年的有关容国团成长历程的老照片、旧报刊、当年采访者的口述录音、容国团个人的档案复印资料，以及本人编辑和创作的《容国团》画册、《容国团》一书等素材提供给摄制组人员创作使用，帮助摄制工作顺利展开。

参与创作这两年多，我感受到了创作组的敬业和专业精神。在闫东总导演的带领下，影片反复修改，精雕细琢。为了能在北京冬奥前播出这部纪录片，在受到全球新冠疫情不利的影响下，创作组排除万难，只争朝夕，马不停蹄地前往北京、上海、广州、珠海等地进行采访拍摄。与此同时，摄制组充分调动中央广播电视总台驻外记者站的力量，采访到德国、日本、匈牙利等国以及中国香港的一批与容国团同时代的对手、收藏家、朋友，认真整理出大量的素材进行文本创作。

纪录片播出后，其扎实的采访和珍贵的影像、声音资料，特别是容国团面对挑战喊出"人生能有几回搏"的豪迈气概引起强烈的社会反响。整部片子贯穿着浓浓的民族情，跳动着赤诚的爱国心，使国人产生强烈的共鸣。在北京冬奥会开幕之际，该片的播出对于凝心聚力、振奋民族精神、激励奥运健儿意义非凡。

容国团喊出"人生能有几回搏"的时代强音，穿越了历史时空。他传递的是一种拼搏力量、爱国情怀和自强不息的决心。纪录片创作组也是以"人生能有几回搏"的豪迈胸怀和精益求精的工匠精神完成了此片的创作，我对他们表示深深的敬意。

该片播出后，创作组将纪录片采访资料以及我个人过去收集的有关容国团的图片、档案等资料，交由中国出版集团研究出版社出版一部图文并茂的书籍，将"人生能有几回搏"的拼搏精神一代一代传承发扬，我感到非常欣慰！

何志毅

2022 年 1 月 15 日

（何志毅，珠海市委党史研究室学者、《容国团》作者）

真实的影像让我动情

黄秀珍

在 2022 年新年伊始，北京冬奥会开幕式倒计时 30 天之际，我在中央广播电视总台科教频道看到一部讲述容国团为新中国勇夺第一个世界冠军的纪录片《人生能有几回搏》，内心百感交集，非常激动。

感慨之余，我想起 2020 年 9 月 27 日中秋节前夕，以闫东总导演为首的创作团队第一次专访我的场景，他们对容国团的创作激情和对容国团生平事无巨细的探索，让我看到了创作组的真诚和良苦用心。转眼近两年时间过去，我终于看到纪录片中容国团比赛中的现场画面、容国团亲切的声音、对容国团生前好友和同时期国外优秀对手的采访等真实而又珍贵的影像，生动地展现了容国团和中国乒乓球队勇夺三块金牌的传奇故事。这些珍贵的影像不禁让我回想起那段激情燃烧的岁月、那个拼搏的青年时代。

时光匆匆，往事不可追。如今中华民族迎来了伟大复兴的关键时刻，我希望容国团"人生能有几回搏，此时不搏更待何时"的拼搏精神能为冬奥健儿们助威助力，给予他们精神力量，为我们国家带来更多无上的荣誉。

感谢创作团队为这部纪录片倾注了真情，我想这是一部值得载入史册的纪录片。听闻创作组现又将该片的珍贵历史素材汇集为一本图书出版，我很期待，相信容国团拼搏精神一定会代代相传。

2022 年 1 月 20 日

（黄秀珍，中国田径队原运动员、容国团夫人）

1984 年
容国团被评为"中华人民共和国成立 35 年来杰出运动员"

2009 年
容国团被评为"100 位新中国成立以来感动中国人物"

2019 年
容国团获"最美奋斗者"荣誉称号

影像全纪录

纪录片《人生能有几回搏》
解说词文本

人生能有几回搏

　　片头：2021年7月23日，第32届夏季奥林匹克运动会开幕。中国体育代表团，苏炳添创造了历史，China！牛！刺激！人生能有几回搏！

　　在奥林匹克体育大家庭中，中国健儿一次次夺得金牌，《义勇军进行曲》一次次奏响，五星红旗一次次升起！

　　抚今追昔，在60多年前，一个不为人熟知的名字——容国团，是他，开启了中国体育走上强国梦的征程。当年他只有21岁。

1959年4月5日第25届世乒赛容国团捧杯载誉而归在机场留影

孤军奋战，过关斩将，容国团刷新历史

德国多特蒙德，威斯特法伦体育馆始建于1925年，历经战火的洗礼，再次重建后依然是德国重要的体育场馆之一，在这里，先后举办过六届世界乒乓球锦标赛。

1959年在这里举办的第25届世界乒乓球锦标赛上，21岁的中国选手容国团夺得男子单打冠军。这是新中国成立以来获得的第一个世界冠军，也是中国体育史上最具标志意义的事件之一。

时隔六十年之后，我们在德国、匈牙利寻访到了当年这段历史的见证者。

德国乒乓球收藏家君特·安让特是乒乓球爱好者，他热衷于收藏乒乓球的照片和画报。

德国乒乓球收藏家　君特·安让特　75岁

我收集了关于中国乒乓球第一位世界冠军容国团的相关资料，他是1959年多特蒙德的第一位中国世界冠军。

《容国团自传1937——1961》手稿

1959年初，代表国家队出席二十五届世界乒乓球赛。这是我第一次代表国家队参加世界比赛，我的心情又兴奋，又激动。

原联邦德国乒乓球队运动员　汉斯·威廉·盖布　85岁

1959年中国队在多特蒙德世锦赛打进了半决赛，很明显中

—— 链接 ——

1959年3月27日至4月6日，第25届世界乒乓球锦标赛在原联邦德国的多特蒙德举行。来自38个国家和地区的240名选手参加了比赛。日本队获得乒乓球男子团体、女子团体、男子双打、女子双打、混合双打、女子单打六项冠军。中国选手容国团获得男子单打冠军。这是中国在世界性体育比赛中获得的第一个世界冠军，也是我国选手首次获得乒乓球男子单打冠军。

国队正在进步，变得越来越强。

原联邦德国乒乓球队运动员　埃里希·阿恩特　83 岁

　　1959 年认识了他（容国团），是在一场国际团体比赛，世界锦标赛上认识的，在第一场比赛中我俩就交手了，比赛结果 2 比 1，我输了，他的实力的确比我强。

容国团采访录音　1959 年 5 月

　　团体赛输了以后，信心有点动摇，但当时及时开了一个会，总结我们失败的原因，号召我们在以后的比赛，一定要加强信心，要相信自己。

　　1959 年 4 月 2 日（多特蒙德时间），第 25 届世界乒乓球锦标赛男子单打比赛，经过激烈角逐，容国团等四位年轻的中国选手闯进前八。

国家级教练　中国乒乓球协会原副主席　庄家富　88 岁

　　这四个人呢，我还是四个（人）其中一个，（最后）我们三个都输了，就剩容国团了。

　　孤军奋战的容国团，在半决赛中遇到了 34 岁的美国老将迈尔斯。

国家级教练　中国乒乓球协会原副主席　庄家富　88 岁

　　（容国团）连输了两局 2 比 2，当时五局三胜。

原国家体委副主任　中国乒乓球协会原主席　徐寅生　2001 年采访

　　就在这个时候，容国团突然改变战术，本来进攻嘛，进攻后来不力，他干脆跟他在桌子上对搓，就"泡蘑菇"了。

容国团采访录音　1959 年 5 月

　　杨瑞华和徐寅生，我们两个中国选手，就先后被迈尔斯淘汰，他们之前把他们失败的经验，很好地介绍给我，所以使得我对于这个对手更加了解。

中国乒乓球队原运动员　王传耀　2001 年采访

　　最后迈尔斯打到什么程度呢，比分 21 分都没有到，他主动找到容国团那儿握手认输，不打了。

　　《纽约时报》以"美国的迪克·迈尔斯在世界乒乓球半决赛中向中国鞠躬"为标题报道了赛况。

　　没有人想到容国团真的能闯入男单决赛。经过七轮比赛，最后只剩下容国团和匈牙利老将西多。他们将展开世界男子单打冠亚军的决赛。

　　拥有 20 年比赛经验的老将西多，当时 36 岁，一米八五的身高，体重达 90 多公斤，他曾九次获得世乒赛冠军。

　　而容国团此前从未参加过世界大赛，几乎所有人都看好西多。

原联邦德国乒乓球队运动员　汉斯·威廉·盖布　85 岁

　　在场的大多数观众，都看好西多并且支持他，我当时也认为西多能赢。

国家体育总局原副局长　李富荣　2009 年采访

　　他（容国团）是一个人啊，过关斩将，而且对手都非常强。

扫码观看短视频

1959 年 4 月 5 日第 25 届世乒赛中容国团比赛瞬间

中国乒乓球队原运动员　王传耀　2001 年采访

我跟西多打，我用拉攻我都输，我讲拉攻肯定不行。
但是我做不到，容国团他能做到。

德国多特蒙德当地时间 4 月 5 日下午，男子单打决赛开始。
容国团以 19 比 21，先失一局。

中国乒乓球队原运动员　王传耀　2001 年采访

交换场地，别的教练跟他讲话，他很急地讲了一句，你们
别管我，我听见了，我知道他急，也可能下决心了。

匈牙利乒乓球队原运动员　拉斯莱·皮涅茨基　84 岁

跟他的握拍方式也有关系，在球台上的部分他比西多速度
更快。

原联邦德国乒乓球队运动员　汉斯·威廉·盖布　85 岁

他（西多）试图防守容国团的进攻，但容国团的控制力和
完美的反手，扰乱他的对手。

德国乒乓球收藏家　君特·安让特　75 岁

容国团改变了他的战术，因为西多的正手和反手打得都很
好，容国团从一开始专门打的球程很短，让西多无法进攻。

德国乒乓球收藏家　君特·安让特　75 岁

尽管在本届世锦赛上日本球队占上风，他们几乎赢了所有
人，但是容国团打赢了他们，这让世界很震惊。

首次代表中国队参赛的容国团，在先输一局的情况下连胜三局，

世界乒乓球锦标赛共设有7个正式比赛项目，每一项目都设有专门奖杯，各项奖杯都是以捐赠者的姓名或国名命名的。男子团体冠军杯称"斯韦思林杯"，是国际乒联前名誉主席、英国的斯韦思林夫人所捐赠。女子团体冠军杯称"马赛尔·考比伦杯"，是法国乒协原主席马赛尔·考比伦先生所捐赠。男子单打冠军杯称"圣·勃莱德杯"，是英格兰乒协原主席伍德科先生所捐赠，以伦敦圣·勃莱德乒乓球俱乐部的名称命名。女子单打冠军杯称"吉·盖斯特杯"，是由匈牙利乒协主席吉·盖斯特先生所捐赠。男子双打冠军杯"伊朗杯"，是由伊朗国王捐赠的。女子双打冠军杯"波普杯"，是国际乒联前名誉秘书波普先生所捐赠。男女混合双打冠军杯"兹·赫杜塞克杯"，是捷克斯洛伐克乒协原秘书兹·赫杜塞克先生捐赠的。

战胜西多，敲开了世界冠军的大门。容国团的名字第一次刻在圣·勃莱德杯上。

4月7日，《人民日报》报道：容国团的胜利，有力地表明了我国体育运动的蓬勃发展，这是我国体育史上辉煌的成就。

中国体育史上具有历史意义的一页，就这样被容国团掀开了！从此，中国乒乓球运动开启了一条崛起之路。

1959年4月5日容国团（中）、西多、荻村伊智郎第25届世乒赛男子单打颁奖仪式合影

1959 年 4 月 24 日，乒乓球队回国时，受到了民族英雄般的礼遇。首都青年四千余人，在体育馆举行盛大的欢迎会，欢迎为祖国争得荣誉的运动员们。陈毅副总理勉励运动员们要虚心学习，刻苦锻炼，争取更多更大的成绩。

容国团说，我所以能取得这样的成绩，是党的教育和培养的结果。

容国团采访录音 1959 年 5 月

我现在的打算，就是 1961 年，下一届世界比赛，要为祖国争取更多的荣誉。

《容国团自传 1937——1961》手稿

回国后，受到毛主席的接见，和广大群众的热烈欢迎，党对体育事业的重视和关怀，以及群众对自己的爱戴，自己深受感动。

周恩来总理将容国团夺冠和国庆十周年列为 1959 年的两件大喜事，并将上海生产的乒乓球命名为"红双喜"牌。

容国团不畏困难、敢打敢拼，夺取首个世界冠军，对于当时的中国来说，具有榜样示范和精神激励的巨大作用。

体育强则中国强，国运兴则体育兴。

新中国成立初期，面对着重重困难和挑战，党和政府对体育的发展给予了大力扶持，用体育的胜利去凝聚人心，鼓舞士气，振奋民族精神。

1952 年 6 月 10 日，毛泽东为中华全国体育总会题词："发展体育运动，增强人民体质。"

毛泽东的题词，把体育的着眼点放在增强人民

扫码观看短视频

大众的体质上，指明了新中国体育事业的任务和发展方向。

1959 年 9 月 13 日，新中国的第一届全国运动会，在新建成的北京工人体育场隆重开幕。

毛泽东等党和国家领导人出席了开幕式。

这届全运会共设立了 36 个比赛项目和 6 个表演项目，参赛选手打破了 4 项世界纪录和 106 项全国纪录。

从 1949 年到 1959 年的这十年，是新中国体育奠基的十年，中国体育事业也揭开了新的历史篇章。

1959 年 4 月 7 日《人民日报》报道容国团的胜利　　1959 年 4 月 24 日首都青年集会容国团发言

1959 年 4 月 5 日容国团夺得第 25 届世乒赛男子单打冠军载誉而归在机场集体合影

人生能有几回搏

少年扬名，志存高远，获封香港"东区小霸王"

容勉之录音

我一直到三十岁，结婚之后，第二年生了容国团。三年后，日本侵略（中国）香港，我就带着妻儿，投奔自己家乡（珠海）。

容国团的祖籍是广东珠海南屏镇，1937 年 8 月，他出生在香港，后因家境窘迫，13 岁时不得不辍学，去一家渔行当了童工。

60 多年一晃而过，容国团少年时的玩伴和球友，现在也都是耄耋老人了。

今年已经 88 岁的源锡藩，是容国团少年时的乒乓球友，容国团从香港"东区小霸王"到击败日本乒乓球世界冠军荻村伊智郎的每一件事情，到现在他都记忆犹新。

容国团少年时乒乓球友　源锡藩（中国香港）　88 岁

我最记得，我第一次和容国团打球的时候，就是在这个地方（东买俱乐部）。

《容国团自传 1937——1961》手稿

我对体育活动的兴趣和爱好，在香港的"慈幼中学"得到了进一步的发展，从那时起，我已经是学校的乒乓队代表。

容国团少年时邻居　邓锦华（中国香港）　94 岁

他（容国团）见到我们打球，最初就站在那看我们打球，有时我们有谁走开了，他就过来和我们对打。

容国团少年时乒乓球友　尹广霖（中国香港）　84岁

　　当时在（香港）东区打球，在筲箕湾那边，当时他（容国团）打澳门队，打赢澳门冠军，于是开始成名，人们便称他为（香港）"东区小霸王"。

　　1955年容国团得到一个机会，去香港工联会俱乐部打乒乓球。

容国团少年时邻居　邓锦华（中国香港）　94岁

　　我说他（容国团）是天才，真是天才，根本没人教他的。

经济学家　容国团少年好友　张五常（中国香港）　86岁

　　一间房有张乒乓球台，一个人在那学发球，练习发球，一个动作，有几种不同的旋转，这个是他（容国团）想出来的。

容国团少年时乒乓球友　源锡藩（中国香港）　88岁

　　大约在1955年，在修顿球场，我和他（容国团）打高级赛，有一球令我很诧异，速度很快，力度很大，就是离开球桌，贴近这边下去，从斜角、侧角打过去，那个速度快如闪电，球在我面前落下，我整个人愕然。

容勉之录音

　　行行都出状元，如果国团打得好，将来能够回祖国效力，都是有希望的。

　　1957年4月下旬，刚刚打完世乒赛的日本乒乓球队访问香港。容国团代表香港队迎战曾获两届世

扫码观看短视频

界男子单打冠军的荻村伊智郎。

比赛开始，容国团连赢两局。荻村伊智郎败下阵来，19 岁的容国团打败了世界冠军，成了新闻人物。

容国团少年时乒乓球友　源锡藩（中国香港）　88 岁

容国团那个气势是整个人雄心万丈，球球到位，把荻村伊智郎打至左右两边扑来扑去，当时我们热烈鼓掌，赢下一个球后，全场观众反响非常热烈，根本上我们从来没想过，中国香港容国团可以打倒世界冠军。

经济学家　容国团少年好友　张五常（中国香港）　86 岁

这么大件事，赢了世界冠军，他在更衣室，我陪着他，就我们两个人，让他回内地了，回到内地才有机会，我叫他回去，是希望他有机会参加世界赛。

1957 年 9 月 13 日晚，北京体育馆里灯光明亮，座无虚席。港澳联队与北京乒乓球队在此进行友谊比赛。当时的国务院副总理邓小平、贺龙都端坐主席台，观看了这场比赛。

这时候的容国团，身形消瘦，还患有严重的肺结核病，打球时显得有气无力，无法让人相信这就是刚刚战胜世界冠军的人。

但是，在当晚的比赛中，他却先后战胜了北京乒乓球队的几位主力队员，人们不得不对这位香港选手刮目相看。

中国乒乓球队原运动员　王传耀　2001 年采访

容国团第一次见，看他练习认为没问题，我可以赢他，可是在正式比赛里头，谁跟他打谁输，最后我跟他打，我自己也弄不懂，输在什么地方。

香港乒乓总会会长 时为容国团队友　余润兴（中国香港）88岁

容国团是个很聪明的人，而且是个很有领导才能的人。他战术又好，又勇敢，所以当时他胜出是实至名归的。

《容国团自传 1937——1961》手稿

祖国一日千里的成就，再一次使我受到巨大的鼓舞，对社会主义建设事业更加深了信心。

比赛结束后，贺龙副总理特地为港澳联队设了家宴。贺老总对容国团说："欢迎你回来，为祖国的乒乓球事业作贡献。"

容勉之录音

我一心一意都想，希望他能得到国家的培养，既然现在国家需要他，我一定赞成，双手赞成。

经济学家　容国团少年好友　张五常（中国香港）86岁

1957年初他决定回内地，他约我见面，在工会（康乐馆）上面，我在工会上面见到他，很小一间房，很小一层楼，没什么说的了，我也要离开香港，他决定要回内地，生离死别，生离死别。

他跟我讲，很清楚，我不知道你将来是哪一方面的大师，但你一定是其中一个，他说的。

我和他说，你回内地吧，你要争取拿世界冠军。

1957年9月13日港澳乒乓球联队在北京参加友谊赛合影

容国团在北京比赛的正手攻球姿势

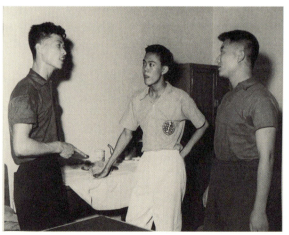

容国团（中）在北京和全国冠军王传耀（左）交流经验，右为国家队教练傅其芳

英雄回归，义无反顾，爱国没有条件

　　1957 年 11 月 29 日，容国团跨过罗湖桥，回到内地，成为广州体育学院的一名学生。

　　蔡明枢、胡克明夫妇，就是容国团回来后的广东省乒乓球队队友，在 1955 年到 1957 年之间，他们经常代表各自的队伍参加穗港澳乒乓球比赛，算是老相识了。

广东省乒乓球队原教练　中国乒乓球队原运动员　胡克明　81 岁

　　他回广州就到二沙头（岛）了，因为他刚回来的时候，是带着病的，还没完全好。

　　那个时候对他特别地照顾，那个时候我们还没有完全开放，不是所有运动员都能有牛奶喝，但对他呢，牛奶，鸡蛋，一定要保证。

《容国团自传 1937——1961》手稿

　　入院后倍受领导关怀重视，在风景优美的二沙头（岛）运动场休养，新的生活使我感到幸福、愉快、心情舒畅，因此，只有六个月，我的病就痊愈了。

国家级教练　广东省乒乓球协会原副主席　蔡明枢　83 岁

　　为了提高自己的力量，自己经常练哑铃，练力量，提高自己身体素质。

　　他练一个钟头，比我们练三个钟头质量要高。

容国团少年时乒乓球友　源锡藩（中国香港）　88岁

国家能够给予训练，除了体能和技术之外，还有心智和信念的提升，我觉得这是最重要的。

容勉之录音

（容国团）受国家的培养，我心中感到非常欣慰，（组织）问我，他回到内地，你有什么困难吗？

我说没有，爱国是没有条件的，有条件的都不算爱国。

1958年4月4日，在广东省体工誓师大会上，平时说话不多的容国团走上台，当众立下一句誓言："三年之内夺取世界冠军。"引发全场轰动。

国家级教练　广东省乒乓球协会原副主席　蔡明枢　83岁

三年能够拿世界冠军，你刚刚回来，全国冠军还没拿到，不要说拿世界冠军了，全国前三名，拿到运动健将，也不容易，也很困难的。

第二天的《羊城晚报》以"容国团提出奋斗目标，不获世界冠军誓不罢休"为标题予以报道，很快在全国乒乓球界传开，引发强烈反响。

扫码观看短视频

原国家体委副主任　中国乒乓球协会原主席　徐寅生　2009年采访

（容国团）登高一呼，反响很大，激励了我们中国乒乓球运动员的决心。

1958 年 4 月，容国团对阵别尔切克

　　1958 年 4 月 29 日，匈牙利国家乒乓球队访问广州，容国团代表广州市乒乓球队，在男子单打项目中，以 2 比 0 击败欧洲冠军别尔切克。

国家级教练　广东省乒乓球协会原副主席　蔡明枢　83 岁
　　别尔切克当时在世界上，削球是最好的一个，容国团能赢他不简单，所以一看容国团能够赢了别尔切克，我们的心里也感觉到，真的不简单，他说能够拿世界冠军，也不是不可能的。

　　1958 年 4 月底，毛泽东南下广州视察，在听到收音机的播报后，对身边的陪同人员说："我们乒乓球小将击败欧洲冠军，破除

———— 链 接 ————
国际乒乓球联合会（International Table Tennis Federation, ITTF），简称国际乒联，1926年12月在伦敦成立，是由各个国家和地区的乒乓球协会组成的一个国际单项体育组织，是国际单项体育联合会总会成员。

对洋人的迷信了。"

1959年4月5日容国团第一次夺得男子单打世界冠军，在他夺冠当天，国际乒乓球联合会第二十五届代表大会，以三十七票对五票，通过一项决议，规定下届世界乒乓球锦标赛将于1961年在北京举行。

这是新中国第一次承办的重要国际体育赛事，全国上下都很重视，贺龙副总理亲自挂帅，制定了"集中优势兵力，全力打好这一仗"的指导思想。

此时的中国，正处于困难时期，但为了迎接第26届世乒赛，国家投入巨资，在北京兴建雄伟壮观的北京工人体育馆。

中国第一批建筑设计大师　北京工人体育馆设计师　熊明　90岁

这中间，贺龙副总理（兼）体委主任来过好几次，他看着非常满意，他拍着我的肩膀说，小伙子把它设计好，设计得人人爱呀。

北京工人体育馆

北京工人体育馆从 1959 年 11 月开始施工，到 1961 年 2 月竣工，仅仅用了 15 个月的建设施工时间。新建的北京工人体育馆落成了，举世瞩目的第 26 届国际乒乓球锦标赛将在这里举行。

中国第一批建筑设计大师　北京工人体育馆设计师
熊明　90 岁

大家都在半饥饿的状态中，为这么重大的国际比赛，为国家这么重大的任务，我们绝对要拼搏，绝对要保证。

——— 链 接 ———

为迎接第 26 届世界乒乓球锦标赛，经党中央批准，在北京工人体育场西侧兴建了北京工人体育馆。体育馆设计为正圆型，底层直径 120 米，屋檐高度 27 米，最高点为 38 米，中央比赛厅净跨 94 米，场内看台 36 排，观众座位 13830 个。

扫码观看短视频

人生能有几回搏

108 将，星火燎原，甘当冠军脚下"铺路石"

为了备战第 26 届世乒赛，根据贺龙副总理的指示，1960 年国家体委搞了一场乒乓球大会战，经过 3 次比赛，从全国各省市选拔出 108 名运动员，号称"108 将"，在北京工人体育馆集训。

广东省乒乓球队原教练　中国乒乓球队原运动员　胡克明　81 岁

全国那个时候，国家还比较困难，但是总的来讲，所有的力量都围绕着我们乒乓球，我们乒乓球需要什么，就提供什么。

原国家体委副主任　荣高棠　1999 年采访

贺老总就分配我，叫我和李梦华，我们带着队伍下乒乓球队，蹲在乒乓球队，蹲三个月。

各种各样打法的球员在一起训练，真正做到了各有特色，百花齐放，这在其他国家和地区是不可想象的，这是举国体制的独特优势。

经过这次集训，中国乒乓球水平得到了普遍提高。集训结束后，这 108 将回到全国各地，形成了我国乒乓球运动的星火燎原之势，奠定了我国乒乓球项目的群众基础。

筹办比赛期间正值经济困难时期，粮食和副食品的供应出现严重短缺。

国家专门调拨了牛奶、白糖、食用油、肉和鸡蛋，保证每一位运动员吃饱吃好，提高身体素质和训练水平。

《容国团自传 1937——1961》手稿

这次比赛在我国举行，天时、地利、人和，都属于我们，我们参加的人数又多，条件是比任何一年都优越得多。

日本队在第 25 届世界乒乓球锦标赛上获得 6 块金牌，但是容国团横空出世，从他们手上夺走男子单打金牌。他们发誓要在这一届世乒赛上报仇雪耻，重振雄风。木村兴治就是当时日本男队的主力队员，被称为"弧圈球专家"。

国际乒联原副主席　日本乒协原主席　木村兴治　81岁

世界锦标赛在德国举行的时候，日本在男女团体、男女双打，混合双打（和女子单打）中获得了 6 枚金牌，容国团获得了男子单打冠军，在那之前，日本在全部项目中一直独占鳌头。

正当中国队备战第 26 届世乒赛时，日本队研发了一种进攻性的秘密武器——弧圈球。

国际乒联原副主席　日本乒协原主席　木村兴治　81岁

日本传统的乒乓球技术、打法，某种程度上远离球台，以漂亮的姿势打进对方的球台，这样一来，球被击打同时发生多次旋转，然后进入对方的球台，我还特别集中强化了这种技巧。

原联邦德国乒乓球队运动员　汉斯·威廉·盖布　85岁

弧圈球革命性地改变了乒乓球运动，一开

扫码观看短视频

始我们对这种高速旋转的弧圈球没有什么好的防守方式，这个技术是全新的。

匈牙利乒乓球队原运动员　拉斯莱·皮涅茨基　84岁

就拿匈牙利的别尔切克来说，他当时是欧洲最厉害的防守型球员，他接弧圈球不是打飞了，就是打到台面以下，因为实在太变化多端，令人非常苦恼，因为大家都摸不清路数。

就在中国乒乓球队苦苦应对如何破解弧圈球时，传来了日本乒乓球队即将访问香港的消息。

国家级教练　广东省乒乓球协会原副主席　蔡明枢　83岁

弧圈球当时中国没看见过，他（日本队）来香港比赛的时候，我们中国派庄家富去看。

中国乒乓球协会原副主席　国家级教练　庄家富　88岁

当时香港这个冠军叫吴国海，这个星野呀，他先拿个发球，吴国海一削球，啪！飞到栏板外边，哇！观众都蒙了，他就不知道怎么回事。

庄家富悄悄侦察完归队后，中国队的胡炳权、薛伟初，加上庄家富本人就开始摸索练习，寻找破解弧圈球的办法。这些国家队队员改变自己的原有打法，每天摸索拉弧圈球，心甘情愿当世界冠军脚下的"铺路石"。

20世纪60年代，容国团（左）、庄则栋（中）、王传耀正在讨论打法

广东省乒乓球队原教练　中国乒乓球队原运动员　胡克明　81岁

我们要适应这种打法，那我们又学以前那样，像区盛联他们也改拉弧圈球了，学日本人打法。

每一块金牌，每一项世界纪录的后面，都有大量陪练在为世界冠军铺路，他们是无名英雄。在奉献和牺牲中，这些陪练显现出高尚的道德品质，达到了常人难以企及的人生境界。"陪练"这种训练模式就此在中国竞技体育领域里流传并延续下来。

容国团（左）和庄家富（中）、王传耀切磋球艺

容国团勤奋训练，旁为教练员傅其芳

敢打敢拼，艰难夺冠，伟大梦想照进现实

1961 年，第 26 届世乒赛在北京举行，人们早早就开始排队买票。

中国第一批建筑设计大师　北京工人体育馆设计师　熊明 90 岁

那个时候汽车不多，但是汽车居然一直排到农展馆去了，军队、市民、妇女团体、学校，来的人非常多。

国际乒联原副主席　日本乒协原主席　木村兴治　81 岁

北京世锦赛一触即发，而中国唯一的新体育馆，工人体育馆刚刚落成，能够容纳一万五千人，是一个非常棒的体育馆。

1961 年刚刚参加工作一年的宋世雄，在第 26 届世乒赛上，第一次坐在转播台前，现场直播团体赛的预赛。回想当年，宋世雄至今还难掩激动。已 82 岁高龄的中央电视台体育节目主持人、体育评论员宋世雄面对采访镜头，激动地告诉记者，这就是当年张之老师和我解说 26 届世界乒乓球锦标赛决赛的地方。

1961 年 4 月 4 日，第 26 届世乒赛在北京开幕。新落成的北京工人体育馆座无虚席，周恩来、邓小平、贺龙等党和国家领导人和国际乒联的官员们出席了开幕式。

— 链 接 —

1961 年 4 月 4 日至 14 日，第 26 届世界乒乓球锦标赛在工人体育馆举行，这是中华人民共和国成立后第一次举办世界大赛。中国队夺得男子团体冠军、男子单打冠军、女子单打冠军，开创了我国乒乓球运动的新时代。

1961 年第 26 届世乒赛在北京工人体育馆举行

本届锦标赛组织委员会主席荣高棠致开幕词，热烈欢迎来自世界各地的朋友们；国际乒乓球联合会主席蒙塔古说，这是一次增进和加强友谊的竞赛。

《容国团自传 1937——1961》手稿

这是一次最高水平的竞赛，比起五九（1959）年，各国乒乓球队伍技术水平又有了很大的发展和提高。

经过五天的激烈角逐，中国队挺进了男子团体决赛，将与日本队一决高下。

国际乒联原副主席　日本乒协原主席　木村兴治　81岁

星野展弥当时是日本冠军，他在 1959 年多特蒙德世界锦标赛上有出色表现，星野先生表示这一届，至少可以获得两分，如果木村兴治得两分，获村伊智郎得一分，我们会以五比四获胜。

4月9日晚19点30分，中日乒乓男团大战一触即发。在前七盘比赛中，双方各有胜负，绰号"小老虎"的庄则栋率先为中国队拿下两分，美名"智多星"的徐寅生在先失一分的情况下，后来居上也为中国队拿下了两分。而备受期待的上届单打冠军容国团，却在前面出场的两盘比赛中，因为攻球失误比较多，连输两分。

中国田径队原运动员　容国团夫人　黄秀珍　82岁

没想到他连输两分，大家当时都感到，感到有点泄气了，呦，这输了怎么办。

两队的比分变成四比三以后，也就是说，中国队如果能再赢一场（盘），就会获得全胜。就在这个关键的时刻，容国团和星野（展弥）出场了。

国际乒联原副主席　日本乒协原主席　木村兴治　81岁

因为（我刚刚）战胜了容国团，让我对团体赛充满了自信。

男子团体决赛第八盘比赛开始。

国家级教练　广东省乒乓球协会原副主席　蔡明枢　83岁

这场（盘）球是关键球，这场（盘）球要是一输，第九场（盘）很难说。

国家级教练　中国乒乓球协会原副主席　庄家富　88岁

前面输了两分，第八场（盘）再输，你现在不搏，你什么时候搏吧？

中央电视台体育节目主持人　体育评论员　宋世雄　82岁

我们有些首长，看到最后不敢在现场看了，到休息室，然后叫秘书给他报分，现在几比几，都激动到这种场面。

原国家体委副主任　荣高棠　1999年采访

主席台上坐着的很多将军，罗瑞卿、刘亚楼说："这个荣高棠瞎指挥！他（容国团）输了两盘还让他上！"

《容国团自传1937——1961》手稿

荣主任在休息室对我说："一定要敢打，敢打即胜，不敢打就输。"他的话说得很坚决，也给了我很大的启发和力量。

星野展弥在这次决赛当中，虽然连输两局（盘），但是攻势并没有减弱。容国团则用推挡球压他的反手，奋力搏杀。

中国田径队原运动员　容国团夫人　黄秀珍　82岁

我对他是有信心，我认为他怕横板（打法），我是知道的，完了以后，我说他会想办法，心里面这么想，他还是会想办法把他赢下来的。

狭路相逢勇者胜，前两局双方打成1比1平，战况激烈。

中国乒乓球队原运动员　邱钟惠　2001年采访

他（容国团）说今天，我跟星野两个是海军对水手，我说什么叫海军对水手，水对水，广东话就是差对差，大家都差，就看谁输三分，谁比谁更差。

所以他说就只有搏了，人生没有几回搏。

双方打了六七个回合，相持不下。体育馆内观众神情紧张，出现了从未有过的宁静。这一局会不会再被星野拿去呢，场上的空气紧张了，容国团搓球不过网，20比18。

中央电视台体育节目主持人　体育评论员　宋世雄　82岁

这时候星野（展弥）就跟他对峙。

广东省乒乓球队原教练　中国乒乓球队原运动员　胡克明81岁

短一点、斜一点，不给他把质量好的弧圈球拉出来。

扫码观看短视频

1961 年第 26 届世乒赛男子团体半决赛容国团对阵西多

1961 年第 26 届世乒赛中容国团比赛瞬间

1961 年第 26 届世乒赛中国队夺得男子团体冠军集体合影

　　星野拉球出界，容国团赢了第三局！中国队赢得了这次团体赛决赛的胜利！

　　当男子团体赛决赛在晚间十时二十五分以中国队胜日本队宣告结束时，场内灯光齐明，照耀得如同白昼，观众全体起立，暴风雨般的掌声和欢呼声震动了整个大厅。中国人第一次捧起了代表世界乒乓球整体水平和实力的男子团体冠军杯——斯韦思林杯。

国际乒联原副主席　日本乒协原主席　木村兴治　81 岁

　　就像容国团那样，所谓的精神力量，归根结底就是，在 20 比 20 的比分的情况下，仍然相信可以赢得比赛，并且为实现成功而奋力拼搏。只有陷入那样的境地，我们才会体会所谓的精神力量。

　　第26届世乒赛中国男队夺得团体冠军，并囊括单打前三名，女队获得单打冠军，这届北京世乒赛成为我国乒乓球运动发展、壮大的里程碑。

　　面对困难，敢打敢拼，凭着"人生能有几回搏"的豪情壮志和艰苦努力，容国团把爱国情、强国志、报国行统一起来，把自己的梦想和壮举融入到实现中国梦的伟大奋斗中，将自己的名字写在了中华民族伟大复兴的光辉史册上。

扫码观看短视频

　　1961年，容国团发出"人生能有几回搏！此时不搏，更待何时！"的呐喊。从此这句话激励了一代又一代中国体育健儿，在赛场上不畏强手、永不言败、奋力拼搏、为国争光，这句话，穿越一个甲子，传遍大江南北，成为无数中国人笃信笃行的励志名言，成为中华民族拼搏进取的精神动力。

容国团与乒乓球女队队员合影（容国团、李赫男、林慧卿、郑敏之、梁丽珍）

临危受命，不负重托，帮助女队打好"翻身仗"

1963 年 4 月，第 27 届世乒赛在捷克斯洛伐克首都布拉格举行，中国男队获得单打、双打和男子团体三项冠军。与男队的战绩相比，中国女队却全线失利。

郑敏之，1963 年第一次代表国家，参加第 27 届世界乒乓球锦标赛，是当时女乒队的主力队员，绰号"小燕子"。

国家级教练　中国乒乓球协会原副主席　郑敏之　76 岁

我们 1963 年那个时候呢，我们中国的女队是青黄不接的时候，因为老队员也面临着要退下来，那么年轻选手也还没有完全跟得上，这个时候世界水平一直都还是日本最高。

1963 年，荣高棠带着第 27 届世乒赛男子单打、双打和男子团体三项冠军奖杯向毛主席汇报。毛泽东对这几个精美的奖杯看得很仔细。毛泽东问："这是不是就归我们了？"荣高棠解释说："奖杯是流动的，只是放在我们这儿保存，到下一届的时候，还要送回去，还得重新去夺。"毛泽东听了，若有所思地说："这就是说，还得从头再来。"毛泽东短短的一句话，说得荣高棠心头沉甸甸的。

1964 年，在北京国际乒乓球邀请赛上，中国女队再次挑战失利，所参加的项目全部输给日本队。

贺龙副总理坐不住了，他点了容国团的将。

1964 年 12 月，容国团走马上任，出任中国乒乓球女队主教练。

扫码观看短视频

广东省乒乓球队原教练　中国乒乓球队原运动员　区盛联 78 岁

把容国团转为教练，那个时候他还在男队当教练，但是后来一看，把女队带到世界比赛去，这个任务非他莫属。

容国团这个人给我的印象就是，这个人要么不做，要做就做到最好，他不会觉得怎么把这个担子撂给我呢，他不会的，他这个人敢上。

中国田径队原运动员　容国团夫人　黄秀珍　82 岁

他说时间很紧，但是既然领导给我了这个任务，我也要想办法把它完成。

由男队教练员转为女队教练员，容国团面临着新的考验，为了打好女乒翻身仗，他推迟了原定的婚期，一心投入到乒乓女队的训练中。

中国田径队原运动员　容国团夫人　黄秀珍　82 岁

他提出来把我们的结婚时间往后推迟，当时我本身是运动员，我也体会到运动员跟教练员责任是什么，那肯定主要还是打比赛了，你比赛都不打，那你当不当运动员跟教练员没什么意思，当时我都是支持的，没意见。

这时容国团的恋人黄秀珍，是国家女子田径队的一名队员，她明白容国团去国乒女队当主教练的压力和挑战。

中国田径队原运动员　容国团夫人　黄秀珍　82 岁

他是说了自己有决心，就是有决心的，希望把女子乒乓球，能拿到冠军，就是这一届。

他说我怎么也要尽力，要把它打好了。

面对种种困难，容国团坚信，女队要向男队学习，凭着"人生能有几回搏"的毅力和决心，面对强手，敢打敢拼，就一定会赢得最后的胜利。

广东省原体委副主任　中国乒乓球队原运动员　梁丽珍　2009年采访

他有一天到我房间，他就说，梁丽珍，现在组织决定（让）我当女队教练，我现在又有奔头了，我要带你们拿世界冠军。

广东省乒乓球队原教练　中国乒乓球队原运动员　区盛联　78岁

让容国团去接手，容国团就有考虑了，我怎么去接手这个团体，怎么打翻身战，因为当时26届赛完了以后，全队上下矛头都指着这个女队要翻身，要打翻身仗。

广东省原体委副主任　中国乒乓球队原运动员　梁丽珍　2009年采访

"女队翻身"，就在我训练日记上写这四个字，他（容国团）写的时候很有力，翻身的"身"字，这样写下来，勾上去，一撇，我到现在还记得，所以我现在一写"身"字，就想起容指导（容国团）写的那个字，"翻身"两个字。

国家级教练　中国乒乓球协会原副主席　郑敏之　76岁

他说我来挂帅，我来女队很清楚，就是夺取世界冠军，夺取世界女子团体冠军，他目的非常清楚。

此时，距离第28届世乒赛只有不到四个月的时间，如何将屡战屡败的女子团队带出低谷，是否能取得女子团体的金牌？这都是大

容国团给乒乓球女队队员进行教学

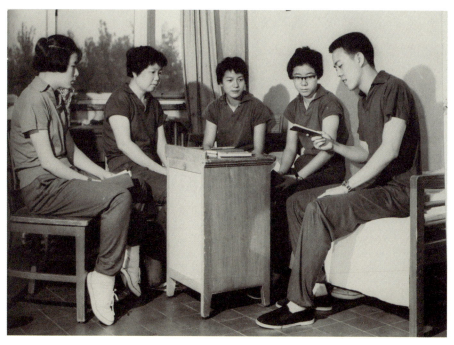

容国团和李赫男（右二）、郑敏之（中）、林慧卿（左二）、梁丽珍研究乒乓球战术

家看来很难完成的任务，而在人们的记忆中，当时容国团教练似乎已经成竹在胸。

广东省乒乓球队原教练　中国乒乓球队原运动员　区盛联　78岁

容国团已经当了（男队）教练一年多了，对女队的水平也了解，对国际上整个乒乓球水平也了解。（当时）把容国团调去女队，应该最合理不过了，是最好的一个人选。

徐寅生——中国乒乓球六十年辉煌历程的亲历者，曾打出神奇的"十二大板"。为了帮助女队打翻身仗，1964年底，有着"智多星"绰号的徐寅生应邀来到国乒女队，进行了一次"关于如何打乒乓球"的专业讲座。

原国家体委副主任　中国乒乓球协会原主席　徐寅生　2007年采访

我是来"放火"的，就是烧一把火，豁出去了，反正不管你们对我怎么看，我该讲的就讲。

广东省乒乓球队原教练　中国乒乓球队原运动员　区盛联 78岁

他（徐寅生）去烧一下，我们应该有勇气，有信心，去拿团体冠军。

国家级教练　中国乒乓球协会原副主席　郑敏之　76岁

他（徐寅生）就让我们能够从战略上藐视，战术上重视，就是说其实你们跟外国选手打，你们还没打就先害怕，先不自信，那你们怎么打呢。

《关于如何打乒乓球》

徐寅生《关于如何打乒乓球》的讲话稿，受到了毛泽东的关注。1965年，毛泽东批示："讲话全文充满了辩证唯物论，处处反对唯心主义和任何一种形而上学。多年以来，没有看到过这样好的作品。他讲的是打球，我们要从他那里学习的是理论、政治、经济、文化、军事。"

1965年《新体育》第6期　容国团文章《女队翻身的故事》

徐寅生的讲话活学活用了毛主席思想，是毛主席思想照亮了女子队翻身的路，照亮了每个人的心灵。

这些来自中国乒乓球队的经验总结和智慧结晶，超出了体育界，成为全社会共享的精神财富。很快，《人民日报》刊登讲话稿全文，文中还专门引用了容国团的一句话："人生能有几回搏，现在是'搏'的时候了。"由此，容国团的这句名言，成为许多人奋斗人生的座右铭。他与战斗英雄和劳动模范一样，成为当时青年崇拜的偶像，成为他们的人生楷模，成为他们眼中的耀眼明星。

国家级教练　中国乒乓球协会原副主席　郑敏之　76岁

我们在大食堂有时候偶然碰得见，其实我不敢跟他（容国团）说话的，是仰慕的眼光看着他，他路过的时候，他悄悄地说一句，小燕子穿花衣，那我也不知道怎么说，我就笑了，所以我就觉得他又可敬，又有点严肃，但是很可亲的。

广东省原体委副主任　中国乒乓球队原运动员　梁丽珍　2009年采访

容国团人很正直，很有正义感，很真实的一个人。敢说，对我们都是很真心，而且为了帮助我们，不怕指出我们的缺点，有些人就做不到，他做得到。

国家级教练　中国乒乓球协会原副主席　郑敏之　76岁

容国团教练来主抓的时候呢，其实我的心情也是非常高兴的，我也很信任他，也很期盼的，为什么呢，因为容国团他是久经沙场过来的，一个优秀的运动员和教练员，他都是在我们中国队不利的情况下，他搏杀出来的。

中国田径队原运动员　容国团夫人　黄秀珍　82岁

从他的工作当中，你可以看到他，他非常认真，制订计划、修改队员的训练日记。

看他这个人，一般不说笑的话，就是很严肃的一个人。

完成了与队员们的基本交流，容国团拿出一套全新的训练方法，他邀请了男乒队的优秀选手到女队来当陪练，这种训练方式，后来成为中国体育界训练的优良传统。

广东省乒乓球队原教练　中国乒乓球队原运动员　区盛联 78岁

容国团临危受命，去女队当主教练，那个时候他就马上想起我了，所以组织上通过调令，调我去（当）陪练。我们就是模仿日本女队的角色，陪女队去练，任务很清楚。

国家级教练　中国乒乓球协会原副主席　郑敏之　76岁

他们是无私的，很耐心的，但我心里有急躁，因为我有目标，我有压力，有时达不到教练的这个要求的时候，很烦躁，本来（连续攻防）快到100板了，就在98板的时候丢了，我98板丢的时候再重来，那陪练队员也要耐心的呀，那我就要更耐心，陪练队员就给我做思想工作，教练也给我做思想工作。

广东省乒乓球队原教练　中国乒乓球队原运动员　区盛联　78岁

开始是安排训练计划，中间他就不太说话了，他在那儿主要是看看你们怎么练，完了以后下来好好地总结，你吊儿郎当，那他（容国团）还看在眼里，下来就批评。

广东省原体委副主任　中国乒乓球队原运动员　梁丽珍　2009年采访

只有容指导（容国团）看出我的问题，他说：梁丽珍，你在关键的时候都是发球抢攻，见了球就抢攻，这不是勇敢，那个是盲目的搏，这是不对的，他说该打的时候就打，不该打就不打，要根据战术需要来打，这一点点醒了我。

国家级教练　中国乒乓球协会原副主席　郑敏之　76岁

他说你的特长是守球，看上去是被动的，但是你的守球是带有进攻性的，他说你这个攻球呢，应该反攻，你反攻，不应该的反攻，你不要反攻，他说你的削球就代表了反攻，所以他一说我，我很有底气呀。

国家级教练　广东省乒乓球协会原副主席　蔡明枢　83岁

两个直板，两个横板，他对四个人，每个人的情况都了如指掌。

国家级教练　中国乒乓球协会原副主席　郑敏之　76岁

他说你们四个队员，实际上你们已经具备了拿世界冠军的水平，关键就看你们敢不敢去夺取，去冲刺。

乒坛名将 容国团

1980 年 12 月河北人民出版社出版的连环画《乒坛名将 容国团》

出奇制胜，画龙点睛，经典之战定格历史

1965年4月，第28届世界乒乓球锦标赛在（前）南斯拉夫卢布尔雅那拉开战幕。来自五大洲的乒乓球运动员们，都来到了体育馆。

国家级教练　中国乒乓球协会原副主席　郑敏之　76岁

那天我们坐在面包车上，那时候当时的气氛呢，就有点沉重，突然那个梁丽珍呢，就把这个氛围给调动起来了，她说我们大家唱歌吧，她就唱了一首，就我们以前学过的，就是："我们朝着一个理想进军，胜利一定属于我们……"

链 接

1965年4月15日至25日，在（前）南斯拉夫的卢布尔雅那举行的第28届世界乒乓球锦标赛上，中国运动员在七个项目的比赛中共夺得五项冠军、四项亚军和七个第三名。

中国女队，此次出征团体赛的四位选手是：直板快攻选手梁丽珍、李赫男和横板削球选手林慧卿、郑敏之。在小组赛和半决赛中，大部分出场的都是直板快攻打法的梁丽珍、李赫男，她俩势如破竹，七战七捷，顺利地进入了女团决赛，成为日本队的强劲对手。

广东省原体委副主任　中国乒乓球队原运动员　梁丽珍　2009年采访

因为我们几个人，其实技术水平都不错，但是打欧洲（选手），我和李赫男比较好，打日本（选手），林慧卿和郑敏之比较好。

国家级教练　中国乒乓球协会原副主席　郑敏之　76岁

　　容指导（容国团）画了一条龙，龙身就是梁丽珍和李赫男，那个眼睛部分呢，他没点，意思就等着我跟林慧卿拿下来了，点。

　　担任日本女队教练的，正是容国团的老对手荻村伊智郎。虽然此时的中国女队令他们刮目相看，但因为对梁丽珍、李赫男的直板打法是有备而来，所以他们对再一次战胜对手充满信心。

国家级教练　广东省乒乓球协会原副主席　蔡明枢　83岁

　　他（容国团）感觉到日本（队），我们攻球跟他打，不好打，反而削球跟他打，有机会。

　　欧洲（选手）呢，就应该用攻球去打，去攻破。

国际乒联原副主席　日本乒协原主席　木村兴治　81岁

　　（日本）女子队，已经压倒性地战胜了其他队伍，已经把中国作为对手进行了练习。

　　一直到决赛前，容国团总是让梁丽珍、李赫男两位直板快攻选手高调亮相，故意让日本队吃了颗"定心丸"。

国家级教练　中国乒乓球协会原副主席　郑敏之　76岁

　　我基本上就在打苏联（乒乓球队）的时候，配了一个双打，出一下面，他（容国团）就不让我露面，把我雪藏起来了。他还跟我讲，你不要到比赛上去亮相，你就稍微点缀两下，打两下就退出来了，给日本人造成一种错觉。

4月19日，容国团对日本队出场选手做了大胆预测，按之前的计划安排郑敏之和林慧卿出战。

国家级教练　中国乒乓球协会原副主席　郑敏之　76岁

我们的分工任务清楚得不得了，大家各包一条线，最后攻破这个碉堡，是我跟林慧卿。

1965年《新体育》第6期　容国团文章《女队翻身的故事》

有人说这是冒险。是的，为了革命事业就必须敢于承担风险。所谓"无限风光在险峰"就是这个道理。经过慎重的敌我双方实力比较，这个"险"是值得去冒一冒的。

国家级教练　中国乒乓球协会原副主席　郑敏之　76岁

那日本人根本就不清楚我会上，对我突然一上来，他们是惊讶的。

广东省乒乓球队原教练　中国乒乓球队原运动员　区盛联78岁

李赫男、梁丽珍跑哪儿去了，不打了，心理上已经就赢了。所以他（日本队）赶紧回去准备，找两个削球，赶紧找削球选手练，那个时候已经晚了，心里面都慌了。

1965年《新体育》第6期　容国团文章《女队翻身的故事》

回忆起平时的汗流浃背，左右奔波，抢救险球的大运动量训练的情景，那么面临这虽然是紧张剧烈的世界比赛，似乎也应该说是"万水千山只等闲"了。

国家级教练　中国乒乓球协会原副主席　郑敏之　76岁

他走到我跟前，他说，小燕子，你打第一场（盘），你对关正子，他就握了我一下手，加油，现在是搏的时候了。

先进行女子团体决赛，中国队对日本队。

第一盘是由郑敏之对关正子，身材不高的关正子是世界球坛的名将，她以攻势凌厉见长，但是今天她在郑敏之的稳削面前，攻球连连失误。

郑敏之（第三局）以 21 比 12 打败了关正子，为中国队夺得了第一分。

……

第二盘是林慧卿对深津尚子，日本的后起之秀深津尚子，去年（1964 年）在访问中国的比赛当中，连胜 12 场，保持不败。

林慧卿满怀信心地迎战，这又是一场以柔克刚的持久战……

林慧卿不负众望，终于以 21 比 15 战胜了深津尚子。中国队以 2 比 0 领先。

两盘单打结束后，短暂休息。日本教练神色凝重，容国团心态从容，他知道中国女队的翻身之仗已经胜利在望。

国际乒联原副主席　日本乒协原主席　木村兴治　81 岁

中国的削球选手郑敏之和林慧卿，真的是世界最高级的削球防守选手。

第三盘双打，两直对两横，一攻一守。日本组合急于挽回败局，心浮气躁，失误渐渐增多。林慧卿、郑敏之则完全掌控了场上局势。

国家级教练　中国乒乓球协会原副主席　郑敏之　76 岁

我在自己手心上写着："勇敢、镇定、果断、坚持就是胜利、一定要赢。"

解说员张之的声音中带有了明显的激动，现在中国女队已经以20比11领先，她们以转与不转的削球迷惑对方。关正子拉球失误，中国选手以21比11赢了第一局。场上的形势对中国女队非常有利。这关键的第三局会怎么样呢？场上的空气紧张起来……

国际乒联原副主席　日本乒协原主席　木村兴治　81岁
那时中国的教练在不断地说，不要犯错，不要犯错。

在关键时刻，郑敏之狠抽一板命中。中国女队最终以3比0横扫六次夺得世界冠军的日本女队，第一次登上世界冠军宝座，捧起考比伦杯！这场女团决赛，教练巧用奇兵、指挥若定，队员心态稳定、发挥出色，堪称女子团体赛中的经典之战。

匈牙利乒乓球队原运动员　拉斯莱·皮涅茨基　84岁
我当时参加了1965年的世乒赛，看到他们了，也看到了容国团，当时已经能看得到，在男子乒乓球崛起后，他们的女子队也有极大的进步，已经开始成为乒乓球领域的"世界大国"。

平心而论，当时中国女队的整体实力稍逊于日本队，但容国团出奇制胜，声东击西，让日本队掉入了陷阱。我国乒坛史上著名的"画龙点睛"的故事，便由此而来。

几天后，林慧卿、郑敏之又战胜日本选手，赢得女子双打世界冠军，第一次拥抱波普杯。中国女队在28届世乒赛上，一举夺得两枚金牌，是中国女子乒乓球队在世界乒坛崛起的里程碑。

国际乒联原副主席　日本乒协原主席　木村兴治　81岁

　　这对世界来说，也是巨大的冲击，中国给我们展示了一个新世界，新的乒乓球选手们展现了新的中国乒乓球的风貌。

　　对于中国乒乓球，他（容国团）是一个不容遗忘的人物，我想应该称其为老前辈吧。

1965年《新体育》第6期　容国团文章《女队翻身的故事》

　　这次我和她们共同经历了一段十分宝贵的战斗生活，她们为祖国荣誉，为女队翻身而苦练，而战斗的一幕一幕景象，使我十分感动，将保留在我的内心里，永远不会忘怀……

国家级教练　中国乒乓球协会原副主席　郑敏之　76岁

　　"人生能有几回搏，此时不搏，更待何时！"我觉得他这句话，是非常有生命力的，我们时代需要容指导（容国团）这样的人，需要他这样的精神来传承。

扫码观看短视频

教练容国团率队登上冠军领奖台，运动员（梁丽珍、郑敏之、林慧卿、李赫男）

1965年教练员和运动员绕场一周与群众见面，走在前面第二人
为容国团

少先队员向容国团等献花

岁月如歌，历久弥新，拼搏精神代代相传

"人生能有几回搏！"是所有中国体育人的共同心声。

悠悠过往，岁月如歌，拼搏精神代代相传，历久弥新。

1981年拍摄的纪录片《拼搏——中国女排夺魁记》，讲述了中国女排夺取第一个世界冠军的故事。

郎平有写日记的习惯，决赛前她在日记里写道：让我们记住容国团的一句话"人生能有几回搏"。为了祖国的荣誉，为了三大球翻身，为了中国排球能在世界排坛上有所突破，为升国旗、拿牌、夺冠军，去作出最大的努力！

第3届世界杯女排决赛于1981年11月16日在大阪体育馆打响，中国队对阵日本队。

日本队这次占了天时、地利、人和的有利条件，想蝉联世界杯的冠军。

而中国女队今天要全力地拼搏，要夺取冠军。

他们想到了我国著名运动员容国团说的话："人生能有几回搏"，队员们说："此时不搏更待何时！"

前四局双方打成2比2平，第五局，关键时刻中国队拦网得分16比15，率先拿到赛点，最紧张的时刻到了。

孙晋芳拦网得分，17比15，中国队以两分的优势取得了最后的胜利。

—— 链 接 ——

1981年11月16日，中国女排在第三届世界杯女子排球赛决赛中以3：2战胜日本队，首次夺得世界冠军。随后连续在1982年女排世锦赛、1984年奥运会、1985年世界杯、1986年世锦赛上夺得冠军，成为世界上第一支五连冠的球队。"女排精神"也从此成为中国民族精神的旗帜，成为一个奋勇拼搏、迎难而上的时代精神的象征。

　　我们都听到过多少次中国国歌，但是今天听到，感到分外激动。这是中国体育史上第一个排球项目的世界冠军，从此开启了中国三大球"冲出亚洲，走向世界"的进程。

　　1981年中韩男排比赛，中国男排先输后赢。当晚，北大学生激情喊出"团结起来，振兴中华"的口号，成为改革开放的时代最强音。

　　1984年7月28日在美国洛杉矶举行的第23届夏季奥运会开幕式，是我国改革开放后首次全面参加夏季奥运会。

　　男子手枪60发慢射决赛，中国选手许海峰即将进行最后一组的射击，他静静地站在靶位上，慢慢抬起头，调整呼吸，举枪……

　　9环！10环！

　　最后一枪！9环！

　　许海峰最终以566环的成绩，夺得第23届奥运会的首金，同时也是中国首位奥运冠军，实现了中国奥运历史上金牌"零"的突破。

—— 链接 ——

1932年的洛杉矶，23岁的刘长春孤身代表中国首次参加奥运会，因旅途劳累等原因成绩不佳，最终抱憾而归。这是中国人首次走上奥运会的赛场，为中国体育事业的发展开启了新篇章。

　　时任国际奥委会主席萨马兰奇说："这是中国体育史上伟大的一天！"

　　很多人都知道，邓亚萍少年时曾经因为身材矮小，打球没前途，而被劝退出省集训队。

　　坚忍不拔的个性，驱使她更加刻苦与勤奋。

　　在常人难以想象的高强度训练中，她突破阻力，飞速成长。

　　1996年奥运会前热身赛，邓亚萍连输五场，让她感受到巨大的压力，而她更懂得如何把压力化为动力。与搭档乔红获得女双冠军后，她再次闯进女单决赛。

扫码观看短视频

1981 年女排世界杯比赛
郎平和她的队友

许海峰在 1984 年洛杉矶
奥运会上夺得男子手枪 60
发慢射冠军，实现了中国
奥运会历史上金牌"零"
的突破

1996 年亚特兰大奥运会中
邓亚萍领奖瞬间

这时她的对手是同样实力强大的奥运前女单冠军陈静。开场邓亚萍先发制人，首先拿下两局，而陈静并没有被打乱节奏，连胜两局追平比分。

发球失误，17比21，邓亚萍输了这一局。

最后关头，除了考验选手的技术外，更重要的是心态和斗志，这回邓亚萍又一次占了上风。

攻一板，21比5，邓亚萍胜了第五局，这样邓亚萍以3比2胜了中国台北队的陈静，夺得了第25届奥运会女子乒乓球单打的金牌。

国际奥委会主席萨马兰奇给她颁了奖。

伴随着改革开放，中国体育事业蓬勃发展、精彩纷呈。

郎平、朱建华、许海峰、李宁、聂卫平、高敏、邓亚萍等众多体育健儿，不畏艰难、挑战自我、勇于拼搏、为国争光，为打开国门，昂首阔步走向世界的中国人增添了无穷的勇气和力量。

―――― 链接 ――――

1908年，著名的"奥运三问"被提出：中国何时能派一名运动员参加奥运会？中国何时能派一支队伍参加奥运会？中国何时能办一届奥运会？那是中华民族对实现伟大复兴的一份渴求。2008年，随着北京奥运会成功举行，"奥运三问"全部作答完成。

时为国际奥委会委员　何振梁　2001年资料

不论你们今天做出什么样的选择，都将载入史册，但是只有一种决定可以创造历史。

2001年，时任国际奥委会主席胡安·安东尼奥·萨马兰奇公布：第29届奥林匹克运动会，2008年，举办的城市是：北京！

2008年8月8日中国北京，第29届夏季奥林匹克运动会盛大开幕。

国际奥委会的选择，创造了历史，让奥运圣火燃烧在世界上人口最多的国家，发出更强的光和热。

在北京举办的奥运会上，中国的体育健儿们，为全国人民奉献了一场堪称经典的完美演出，中国位列金牌榜第一位。

中国乒乓球队更是创造了一个前无古人的辉煌战绩。张怡宁、王楠、郭跃包揽了女单的金银铜牌，并拿下了女团冠军。而男队也不甘落后，"三驾马车"在团体夺冠后继续高奏凯歌，马琳、王皓、王励勤又包揽了男单比赛的冠亚季军！

三面五星红旗，两次在场馆同时升起。

每一次的国歌奏起、国旗升起，都给国人的心灵带来强烈的震撼，都使国人感到无比的自豪与骄傲！

"人生能有几回搏！此时不搏，更待何时！"这句话，展现了中华民族百折不挠、自尊自强的精神气质，也体现了"更快、更高、更强、更团结"的奥林匹克精神。

2021年7月23日，盛夏的东京，第32届夏季奥林匹克运动会上，中国体育代表团以优异的运动成绩、精彩的赛场表现、昂扬的精神风貌，为祖国和人民赢得了新的荣誉，为中国共产党成立100周年，增添了新的光彩。

首次参加奥运会的14岁跳水小将全红婵，三跳满分，技惊四座。

中国跳水运动员　全红婵

谢谢他们鼓励我，鼓励我不要怕。

坚信没有什么比梦想更值得坚持的铅球选手巩立姣，四次出征奥运会，终圆金牌梦。

—— 链 接 ——

在2021年7月举行的第32届夏季奥林匹克运动会上，中国体育代表团共获得38枚金牌、32枚银牌和18枚铜牌，金牌数和奖牌总数名列前茅。杨倩获得射击女子10米气步枪冠军。巩立姣获得女子铅球冠军，刘诗颖夺得女子标枪金牌，两块金牌均为中国队在该项目上的奥运首金。中国队在田径和游泳两个基础大项取得重大突破。苏炳添以刷新亚洲纪录的成绩首次闯入男子100米决赛。

人生能有几回搏

中国铅球运动员　巩立姣

我做到了，我是可以的，这一刻我等了二十一年，这是我训练的第二十一年，好多人也问我会不会退役，但是我觉得只要祖国需要我，我肯定会一直练，练到我练不动为止。

苏炳添以 9 秒 83 的成绩，打破男子百米短跑的亚洲纪录，成为首个进入奥运会百米决赛的中国人，他创造了历史。

中国田径运动员　苏炳添

通过这么多年以来的努力，自己终于也可以站上这个 100 米（奥运会决赛）的跑道上面，觉得自己完成了自己的梦想，也完成了我们中国短跑历代以来，前辈们给予我们年轻一辈的祝福。

2021 年 7 月 26 日，在东京奥运会首次设立的男女乒乓球混双决赛中，中国"昕雯组合"许昕和刘诗雯，对战日本水谷隼和伊藤美诚。

乒乓球混双采用七局四胜制，在七场比赛中，中国的"昕雯组合"打得非常坚韧。分别以 11 比 5，11 比 7 拿下前两局。但在第三、四、五局比赛中，日本组合发起强烈反扑，连扳三局。

虽然"昕雯组合"迎难而上，在最后一局将比分追到了 6 比 10，但最终日本队以 11 比 6 取得决胜局的胜利，中国队出师不利。

在第一项混双比赛争冠失利后，中国乒乓球队承受着巨大的压力。在极其困难的情况下，最终展现出强大的拼搏意志和能打大仗、恶仗的能力，胜不骄，败不馁，捍卫了中国乒乓王者之师的荣誉。

2021 年 8 月 1 日东京奥运会，苏炳添在男子 100 米半决赛中跑出 9 秒 83，以半决赛第一的名次晋级决赛，同时创造了新的亚洲纪录

2021 年东京奥运会，巩立姣夺冠后手举五星红旗

2021 年东京奥运会，全红婵在颁奖仪式上

人生能有几回搏

2021 年 8 月 6 日晚，随着马龙、许昕、樊振东摘得男团金牌，中国乒乓球队以四金三银的成绩完成了东京奥运之旅。

2021 年东京奥运会，这是刘国梁担任中国乒协主席后的首届奥运征程，这位乒坛宿将对"拼搏"二字的体悟格外深切。

中国乒乓球协会主席　刘国梁

为了捍卫国球的荣耀，大家拼了五年，每个人都付出很多，这种巨大的压力是常人不可以想象的，在这个极其困难的时候，能打出这样的实力，我们依然能够蝉联，这证明了我们备战的努力。

五年备战，中国乒乓球队不管是参赛运动员还是教练员，还是保障团队，他们都团结协作、顽强拼搏、永不言败，攻克一个又一个的难关，最终在东京奥运赛场上，实现了升国旗奏国歌的目标。

2022 年 2 月，第 24 届冬季奥林匹克运动会在北京举办。这是中国首次举办冬奥会、冬残奥会，北京也成为全球首个举办夏季、冬季奥运会的"双奥之城"。

从 2015 年冬奥申办成功以来，习近平总书记始终惦记着冬奥会筹办进展。在多次实地考察冬奥筹办工作中，他勉励冰雪健儿奋勇拼搏、为国争光："人生能有几回搏，"把我们的整个冰雪运动普遍地开展起来，孩子们努力吧！

扫码观看短视频

体育强则国家强，国家强则体育强。发展体育事业不仅是实现中国梦的重要内容，还能为中华民族伟大复兴提供凝心聚气的强大精神力量。

不忘初心，奋斗有我，作为新中国第一个世界冠军，容国团喊出了"人生能有几回搏！此时不搏，更待何时！"的励志名言，造就了中国乒乓球运动的长盛不衰，造就了体育强国伟大梦想的灿烂与辉煌。

使命在肩，筑梦有我，在奋斗百年路、启航新征程的伟大历史跨越中，这种拼搏精神一代一代传承，它早已超越了体育本身，是中国人民砥砺奋进的真实写照，是中华民族自强不息精神所发出的耀眼光芒。

2021 年 7 月 29 日东京奥运会陈梦（左）获得女子单打金牌、孙颖莎获得银牌

陈梦比赛瞬间

2021 年 7 月 30 日东京奥运会马龙（右）获得男子单打金牌、樊振东获得银牌

马龙比赛瞬间

纪录片《人生能有几回搏》创作团队

出 品 人	薛继军　谈　静
总 监 制	阚兆江　闵云童　孙锡炯
艺术指导	陈光忠
总 导 演	闫　东
策　　划	宁桂飞　陈晓军　李丹媛　常立波
执行总导演	林卫旗　吴胜利　李　凯
撰　　稿	王　甫　张艺宰　黄　莉
导　　演	沈正海　刘　惠　田咏力　杨诗仪
专家指导	何志毅　李　汀　江　英　童　宁　张长江
	王建生　余莉京
导演助理	马李莉　张　浩　曹　钢　卢　翔
摄影指导	包奕韬　邵志汶
摄　　影	袁　帅　徐海全　李　达　程　彪　王亚楠
	曾一平　贾刘一珏　王　红　王　春
摄影助理	杨志印　吴泽宇
采访记者	阮佳闻　孔　芳　张　颖　徐　明　李卫兵
	刘　杰　张　倩　郭恩友　洪　敏
资料总监	黄平刚
资料监制	石　村　张丹宁　刘振宇
资料统筹	高　峰　张　爽　方　媛
资料编辑	郭建芬　徐　彬　杜莎莎　原　京　周　雯
	张笑梅　刘芃芃
资料提供	何志毅　吴东昇　伍光辉
	Günther Angenendt（德国）

视觉指导	张霄鹤	张激光			
视觉导演	周文磊				
包装设计	韩 帆	潘 岩	林晓鹏		
包装制作	盛晓峰	王冬冬	荣新静	冯 昕	车翌源
	温 浩	崔 凯	张佳盈	张庆玲	黎文韬
	岳洪涛	刘 祎	刘佩奇	刘娟娟	邵文思
后期统筹	李 艺	李智玮			
后期视频编辑	汤吉祎	王 伦			
技术支持	孙振宇	王 伟			
后期视频调色	杜宏鹏	康郁馨			
音乐编辑	毛薇薇				
混音合成	王 玥	和 丰			
解 说	苏景跃				
宣传统筹	苑文刚	王茂华	赵京津	孙莲莲	于海霞
新媒体宣传	田 龙	刘 铭	田楚韵		
播出统筹	权 勇	洪丽娟	张学敏	段晓晨	侯 洁
	陈 曦				
制 片	马 岩	李晓娟	魏 威	魏新宇	赵汉卿
	曾小武	刘永刚	陈庆顺	熊向坤	王 琥
制片主任	边立强	梁吉琼	顾 琦		
制 片 人	聂丛丛	王建彤			
节目总统筹	黄艳蓉				
节目统筹	鹿 新	刘 茹	白 丽		
总制片人	闫 东				

协助拍摄

北京工人体育馆

广东省体育局

广州体育学院

武汉体育学院

上海国际乒联博物馆

香港乒乓总会

德国联邦档案馆

（© German Federal Archives,Film Collection/Transit Film GmbH）

联合摄制

中央广播电视总台社教节目中心

中共珠海市委宣传部

珠海传媒集团有限责任公司

出 品

中央广播电视总台

2022 年 1 月

纪录片《人生能有几回搏》
解说词英文版

GRAB THE CHANCE

COMENTARY OF THE DOCUMENTARY

人生能有几回搏

Grab the Chance

Chinese delegation.

He just made history!

It makes her famous.

China! Best!

Nice!

Grab the chance!

上集

PART 1

Opening Ceremony of 32nd Summer Olympics
July 23rd, 2021

Over the course of Olympic history, Chinese athletes have won glory time and time again, the stirring strains of the national anthem- *March of the Volunteers*, and the raising of the Five-starred Red Flag heralding the crowning of a new sporting hero.

Sixty years ago, one such hero emerged onto the sporting scene. His name was Rong Guotuan and he was only 21 when he opened his road to the fulfilment of China's sporting dream.

Dortmund, Germany
July, 2021

The Westphalia Stadium in Dortmund, Germany, was first built in 1925. Despite the ravages of war, it was destined to remain one of Germany's premier sporting venues, host to six World Table Tennis Championships.

Men's Singles Championship Trophy of World Table Tennis Championships
ITTF Museum & China Table Tennis Museum, Shanghai

In 1959, in this very stadium, Rong Guotuan became world singles champion in the 25th World Table Tennis Championships. It was the first world championship claimed by a Chinese athlete since the founding of the People's Republic of China-a landmark event in Chinese sporting history.

Frankfurt, Germany
July, 2021

Budapest, Hungary
July, 2021

Sixty years later on, we come face-to-face with the surviving witnesses of the events of that glorious year.

Bochum, Germany
July, 2021

Gunther Angenendt is a German collector of table tennis memorabilia. He's keen on pictures and posters related to the sport.

Gunther Angenendt
German Table Tennis Memorabilia Collector

I collected the materials about Rong Guotuan, China's first world champion in table tennis. He is the first Chinese world champion in the Dortmund Championships in 1959.

Manuscripts of Rong Guotuan's Autobiography 1937-1961

At the beginning of 1959, I took part in the 25th World Table Tennis Championships. It was my first time playing for my country in an international event, and I felt excited and thrilled.

Hans Wilhelm Gab
Former West German Table Tennis Player

In 1959, the Chinese team reached the semifinals in the Dortmund Championships. Obviously, they were making progress and growing stronger.

Erich Arndt
Former West German Table Tennis Player

I knew Rong Guotuan in a team event in the 1959 World Championships. We ran into each other in the very first match, and I lost it to him with a 1-2. He was stronger than me, indeed.

Recordings of Rong Guotuan
May, 1959

When we lost the team event, I was a little shaken, but we met and reflected on the reasons for our loss. The lesson was that we had to have confidence and believe in ourselves in future games.

After the intense competitions in the Men's Singles, four young Chinese players including Rong Guotuan reached the top 8.

Zhuang Jiafu, Former Vice President Chinese Table Tennis Association

I was one among the four. In the end, however, all of us lost except Rong Guotuan.

Rong Guotuan, by now fighting alone, came up against Dick Miles, the 34-year-old US veteran player, in the semifinals.

Zhuang Jiafu, Former Vice President Chinese Table Tennis Association

They drew 2-2. At the time, it was a BO5 match.

Xu Yinsheng, Vice Director
Former Chinese National Sports Commission
Interviewed in 2001

Originally, Rong Guotuan attacked fiercely, but watching the attacks didn't do him any good, he decided to return every shot with a chop, procrastinating intentionally.

Recordings of Rong Guotuan
May, 1959

My two teammates, Yang Ruihua and Xu Yinsheng, were knocked out by Miles. They shared their reflections on their matches in detail. That way I got to know my opponent before I played against him.

Wang Chuanyao, Former Member

Chinese Table Tennis Team
Interviewed in 2001

Before they got to 21, Miles threw in the towel and shook hands with Rong Guotuan, resigning the game.

New York Times covered the match titled with "Dick Miles of U. S. Bows to Chinese in Semi-Finals of World Table Tennis".

No one expected Rong Guotuan to reach men's singles final, but after seven rounds, only Rong and Hungarian veteran Ferenc Sidó remained. The pair would now battle it out for the ultimate prize.

Thirty-six years old with 20 years' competitive experience under his belt, 9-time world champion Ferenc Sidó was already a veteran.

Surely Sidó would sweep aside this young Chinese upstart playing in his first world championships.

Hans Wilhelm Gab
Former West German Table Tennis Player

Most of the audience thought Sidó would be the winner and supported him. I also thought he was going to win.

Li Furong, Former Vice Director General Administration of Sport of

China
Interviewed in 2009

Rong Guotuan was playing alone, beating all players along the way, who were all fierce and strong.

Wang Chuanyao, Former Member Chinese Table Tennis Team
Interviewed in 2001

When I played against Sidó, I'd lose even with the pulling attack tactic. Although I couldn't do it, Rong Guotuan could.

On the afternoon of April 5th, Dortmund time, the men's singles final began. Rong Guotuan lost game one 19-21.

Wang Chuanyao, Former Member Chinese Table Tennis Team
Interviewed in 2001

When they changed ends, a coach talked to him. He answered, "Don't mind me." I knew he was anxious, yet determined as well.

Laszlo Pigniczki, Former Member Hungarian Table Tennis Team

It had something to do with his grip. He was much faster than Sidó.

Hans Wilhelm Gab
Former West German Table Tennis Player

Sidó tried to defend against Rong Guotuan's attacks, but Rong's control and his perfect backhands upset his rival.

Gunther Angenendt
German Table Tennis Memorabilia Collector

Rong Guotuan changed his tactics, because Sidó was good at both forehands and backhands. He intentionally cut the distance short, disabling Sidó from making attacks.

His initial setback behind him, Rong Guotuan entered a three-game winning streak, seeing off Sidó's challenge. Rong had triumphed on his debut appearance and the world title was China's - for the very first time!

On April 7th, *People's Daily* reported as follows: Rong Guotuan's victory was convincing proof that sport was going from strength to strength in China-a landmark achievement in Chinese sporting history.

Hail the Victory of Our National Table Tennis Team

Rong Guotuan wins World Table Tennis Championships

Gunther Angenendt
German Table Tennis Memorabilia Collector

Although the Japanese team gained the upper hand in that World Championship, having basically beaten every other team, Rong Guotuan outplayed them, shocking the world.

Rong Guotuan had turned one of the most significant pages in Chinese sporting history, initiating China's rise to superpower status in the world of table tennis.

On their return to China, the table tennis team were hailed as national heroes.

Over 4,000 youths in the capital held a grand reception welcoming home the athletes who have won great honor for the country. Vice Premier Chen Yi encouraged the athletes to keep learning with an open mind, and to practice hard, striving to make greater achievements.

Rong Guotuan said that his achievements were thanks to the education and cultivation of the Party.

Recordings of Rong Guotuan
May, 1959

My plan now is to win more honors for the country in the next world championships in 1961.

Reading from
Manuscripts of Rong Guotuan's
Autobiography 1937-1961

When I went back home, I was received

by Chairman Mao and warmly welcomed by the people. I was deeply moved by the Party's attention and care of the cause of sports as well as the respect and support of the people.

Premier Zhou Enlai listed Rong Guotuan's triumph and the 10th National Day as the two major highlights of 1959, naming the ping-pong ball brand produced in Shanghai "Hong Shaung Xi", meaning double happiness.

Rong Guotuan

Rong Guotuan had battled adversity to claim the first world championship title for China, becoming a beacon of inspiration for the whole Chinese people in the process.

In the early days of New China, despite the difficulties and challenges, the Party and the government provided strong support for sports development. Sporting successes brought people together, enhancing morale and revivifying the national spirit.

Closing Ceremony of the First PLA Sports Meeting
August 11th, 1952

On June 10th, 1952, Mao Zedong wrote: "Promote physical culture and sport, and build up the people's health". His inscription emphasized the great importance of enhancing the physique and health of the people - the main task for the cause of sports in New China.

Sino-Soviet Friendly Football Game
October 30th, 1955

On September 13th, 1959, the grand opening of the first National Games was held in the newly built Workers' Stadium. CPC and government leaders such as Mao Zedong attended the opening ceremony.

Thirty-six competitive events and 6 exhibition events were held, participants breaking 4 world records and 106 national records in the process.

In the decade between 1949 and 1959, New China laid a solid foundation for the development of sports, opening a new chapter in this history of Chinese sports.

Zhuhai, Guangdong Province

He Zhiyi, author of Rong Guotuan's biography, began researching Rong's life in 1986, making research trips, collecting photos of Rong and other materials concerning him, including precious manuscripts by Rong, and the recording of the only interview with Rong Mianzhi, Rong Guotuan's father.

He Zhiyi
Author of Rong Guotuan's Biography

I started doing interviews in 1986, and the autobiography was found in the archives center of the former Chinese National Sports Commission.

These are the recordings of Rong Mianzhi. This was written by Rong Guotuan's wife, indicating them to be the audio tapes of Rong Mianzhi.

Recordings of Rong Mianzhi, Rong Guotuan's Father

I got married when I was 30, and Rong Guotuan was born the next year. Three years later, when the Japanese invaded Hong Kong, I brought my family along with me and returned to my hometown Zhuhai.

Rong Guotuan was born in Hong Kong in August 1937. Forced by poverty to drop out of school, he started working in a shop selling fish and other marine produce at the age of 13.

Hong Kong, China

Over 60 years have now passed since the days of Rong Guotuan's glory. The friends who knew him in his teenage years are now old men.

Yuan Xifan, now 88 years old, used to play table tennis with Rong Guotuan when they were teenagers. He still remembers everything about Rong, from Rong's title of the "Overlord of the Eastern District" in

Hong Kong, to Rong beating Ichiro Ogimura, the Japanese world champion in table tennis.

Yuan Xifan
Rong Guotuan's Friend

Former Site of Dongmai Club

What I remember the deepest is that this was the place where I first played against Rong Guotuan.

Reading from
Manuscripts of Rong Guotuan's Autobiography 1937-1961

My interest and love for sports were further developed in the Salesian School in Hong Kong. From then on, I was already representing the school at table tennis.

Deng Jinhua
Rong Guotuan's Neighbor

When he saw us play table tennis, he'd be watching by the side at first, and whenever someone left, he'd come over and join us.

Yin Guanglin
Rong Guotuan's Friend

We were playing table tennis in the Eastern District. When Rong Guotuan defeated the Macao champion, he became known, and people called him the "Overlord of the Eastern District".

In 1955, Rong Guotuan got an opportunity to play table tennis at the club of Hong Kong Federation of Trade Unions.

Deng Jinhua
Rong Guotuan's Neighbor

He was a genius, indeed, because he was totally self-taught.

Steven N.S. Cheung
Economist
Rong Guotuan's Friend

He'd be staying in a room with a table, and learning and practicing serving. There were several different loops in a single stroke, which he figured out completely by himself.

Yuan Xifan
Rong Guotuan's Friend

In around 1955, I played an advanced game against him. One of his strokes astonished me. It was fast, powerful, away from the table and driven from a side angle. It was as swift as lightening, and when the ball dropped in front of me, I was shocked.

Recordings of Rong Mianzhi, Rong Guotuan's Father

If Guotuan was good at playing table tennis, he might get the chance to go back and serve the country.

In late April, 1957, the Japanese table tennis team visited Hong Kong. Representing the Hong Kong team, Rong Guotuan played against Ichiro Ogimura, two-time world champion in men's singles.

Rong Guotuan's match began on a high-a two-game winning streak.

Yuan Xifan
Rong Guotuan's Friend

Rong Guotuan looked extremely ambitious. With perfect control of the ball, he made Ichiro Ogimura run from side to side. We were clapping wildly, and every time he scored, the audience was extremely excited, because we never thought that he could beat the world champion.

The 19-year-old had defeated the world champion. All of a sudden, Rong Guotuan was hot property.

Steven N.S. Cheung
Economist
Rong Guotuan's Friend

It was really a big deal, defeating a world champion. I was by his side in the locker room, and I told him that he should go back to the mainland, and then he'd have a chance to compete in the world games.

On the evening of September 13th, 1957, it was brightly lit and fully occupied in the Beijing Gymnasium. The Hong

Kong-Macao team were playing a friendly match against the Beijing team. Both Deng Xiaoping and He Long, Vice Premiers of the State Council were watching the match.

At the time, Rong Guotuan was slim, with severe tuberculosis. He looked faint and weak when playing, which made it hard for the audience to believe that he was the one who had just beaten the world champion.

Beijing Beats Hong Kong in Table Tennis Match

Zhuang Jiafu, Then Member Chinese Table Tennis Team

But that night he beat several key players of the Beijing team one after the other. Impressed by this stunning performance, the audience were won over.

Wang Chuanyao, Former Member Chinese Table Tennis Team Interviewed in 2001

It was the first time we met with Rong Guotuan. When we watched him practice, I thought I could beat him, but when we were actually playing against him, he defeated every one of us. At last, when I played against him, I couldn't even figure out why I lost.

Yue Yun-hing, President Hong Kong Table Tennis Association

Rong Guotuan was really smart, with strong leadership skills. He had great tactics and he was brave, so his victory was true to form.

Reading from Manuscripts of Rong Guotuan's Autobiography 1937-1961

The achievements in China advancing at a high speed was a huge inspiration to me, and my confidence in socialist construction was immensely deepened.

After the match, Vice Premier He Long specially prepared a family feast for the Hong Kong-Macao team. He said to Rong Guotuan, "We welcome you back to make contributions to the table tennis cause of China."

Recordings of Rong Mianzhi, Rong Guotuan's Father

I always wanted him to be cultivated by our country. Now that the country needed him, I was definitely in favor of it.

Steven N.S. Cheung Economist Rong Guotuan's Friend

At the beginning of 1957, he decided to return to the mainland, so he asked me to meet him. We were in a small building, and we were both silent. I was leaving Hong Kong as well. We both knew we were parting forever.

He told me, "I'm certain you're going to be one of the masters of the future, although I don't know in which field exactly."

I told him, "You must aim for the world championship."

On November 29th, 1957, Rong Guotuan returned to the Chinese mainland, enrolling at Guangzhou Sport University.

Guangzhou, Guangdong Province

The couple, Cai Mingshu and Hu Keming, were Rong Guotuan's teammates in the Guangdong provincial table tennis team. Between 1955 and 1957, they often played for their own teams in competitions, so they were old acquaintances.

Hu Keming, Former Member Chinese Table Tennis Team

Guangdong Ersha Sports Training Center

When he came to Guangzhou, he directly went to Ersha Island. He was still ill, and hadn't recovered by that time, so he was taken special care of. China was not completely opened up at that time, so milk was not provided for all athletes. But for him, milk and eggs were ensured.

Manuscripts of Rong Guotuan's Autobiography 1937-1961

The leaders took much care of me, allowing me to recuperate at the Ersha training center with its beautiful landscape. The new life made me feel happy, cheerful, and relaxed, so I recovered in just six months.

Cai Mingshu, Former Vice President Guangdong Table Tennis Association

To improve his strength, he usually lifted the dumbbells. His practice for an hour was even more effective than our practice for three hours. As his physique gradually improved, so too did his progress.

Yuan Xifan Rong Guotuan's Friend

Apart from improving his physique and techniques, the most important thing that the country offered him was the strengthening of his mentality and faith.

Recordings of Rong Mianzhi, Rong Guotuan's Father

I was glad that Rong Guotuan could receive national-level training. When they asked me whether it had been difficult for me since he went in back to the mainland, I said, "No. Patriotism is unconditional."

On April 4th, 1958, during the

Guangdong provincial sports team oath-taking rally, Rong Guotuan declared to a stunned and delighted audience that he would "claim the world championship within three years".

Cai Mingshu, Former Vice President
Guangdong Table Tennis Association

He hadn't won a national game yet, let alone the world championships. It wasn't easy to say the least to become one of the top three in the national games, or to become a master of the sport.

Next day, *Yangcheng Evening News* covered the story under the snappy headline "Rong Guotuan pledges not to stop striving until he's claimed the world championship".

Xu Yinsheng, Vice Director
Former Chinese National Sports Commission
Interviewed in 2009

Rong Guotuan's appeal was quite powerful and sensational, greatly encouraging the Chinese table tennis players.

On April 29th, 1958, the Hungarian National Table Tennis Team visited Guangzhou, and Rong Guotuan, representing Guangzhou, defeated the European champion Zoltán Berczik 2-0 in the men's singles.

Cai Mingshu, Former Vice President
Guangdong Table Tennis Association

Zoltán Berczik was the best player in chopping in the world at the time, and Rong Guotuan had to be very good to defeat him. Therefore, when we saw he had beaten Berczik, we felt that it was not impossible for him to claim the world championship.

At the end of April 1958, Mao Zedong paid a visit to Guangzhou. When he heard the news, he said, "The defeat of the European Champion at the hands of our young table tennis player dispels the myths about foreign people".

The Next World Table Tennis Championships to Be Held in Beijing

On April 5th, 1959, Rong Guotuan claimed the gold medal of men's singles in World Table Tennis Championships. Right on this very day, the International Table Tennis Federation passed a resolution to hold the 1961 World Table Tennis Championships in Beijing.

He Long

As this represented the first occasion on which New China would undertake to host an important international sports event, it was given national priority, with Vice Premier He Long being put in charge of arrangements.

At that time, China was faced with severe natural calamities, but to welcome the 26th World Table Tennis Championships, the country made a huge investment to build the spectacular Workers' Gymnasium in Beijing.

Xiong Ming, Designer
Workers' Gymnasium

He Long, Vice Premier and Director of the National Sports Commission, paid several visits. He patted my shoulder and said, "Lad, design it well and make it attractive to the people."

The construction started in November 1959 and was completed in February 1961, the whole construction process taking just 15 months.

Xiong Ming, Designer
Workers' Gymnasium

Although all of us were half-starved, we had to strive to ensure the success of such a major international event and fulfil an important task for the country.

The newly-built Workers' Gymnasium has been completed, which will be the venue for the 26th World Table Tennis Championships.

To prepare for the event, the National Sports Commission organized a grand table tennis competition in 1960. After three rounds, 108 athletes around the nation were selected, and they were put in an intensive training at the Workers' Gymnasium.

Hu Keming, Former Member
Chinese Table Tennis Team

At the time, the country was going through a difficult period of time, but basically all resources were centered on table tennis. The country would offer us whatever we needed.

Rong Gaotang, Vice Director
Former Chinese National Sports
Commission
Interviewed in 1999

Mr. He Long assigned Li Menghua and me to lead a team to watch the table tennis team for three months.

Bringing together table-tennis players of all styles made this training program genuinely inclusive and all-embracing. Thanks to this intensive training, Chinese players' level in table tennis greatly improved.

After the training, the 108 players were to return to home, bringing their hard-won expertise with them and sparking the revolution that would see Chinese table tennis become deeply rooted among the masses of China.

But while preparations for the Championships were made, grains and other foodstuffs were in critically short supply. So special allocations of milk, refined sugar, cooking oil, meat, and eggs were made so as to ensure that every athlete was adequately nourished and could fulfil his or her sporting potential.

Manuscripts of Rong Guotuan's Autobiography 1937-1961

We enjoyed favorable conditions in terms of climate, geography and people. There were also a large number of participants from our country, so conditions were better than ever.

25th World Table Tennis Championships

Although the Japanese team had won 6 gold medals in the previous World Table Tennis Championships, dark horse Rong Guotuan had taken the most coveted prize of all: gold in the men's singles. This time, the Japanese were determined to avenge that loss.

Tokyo, Japan
July, 2021

Koji Kimura was a key member of the Japanese team, famed for his expertise in the "loop drive".

Koji Kimura, Former Vice President International Table Tennis Federation

When the World Championships was held in Germany, Japan won 6 gold medals in men's and women's team, men's and women's doubles, mixed doubles and women's singles, while Rong Guotuan won the gold medal in men's singles. Before then, Japan had always been the top in all these events.

Just as the Chinese team were preparing for the 26th World Championships, the Japanese team were developing their secret weapon-the loop drive.

Koji Kimura, Former Vice President International Table Tennis Federation

The traditional Japanese table tennis techniques and tactics were, to a certain extent, away from the table and then driven onto the table in a beautiful posture. In this case, the ball would spin multiple times when driven onto the opponent's court. Also, I specially enhanced this technique.

Hans Wilhelm Gab Former West German Table Tennis Player

Loop drive brought revolutionary changes to table tennis. At first, we didn't have a perfect defense for the quickly spinning ball. It was a brand new technique.

Laszlo Pigniczki, Former Member Hungarian Table Tennis Team

Zoltán Berczik was the strongest defender in Europe, but when he was catching the spinning ball, he'd either strike the ball high and wide or drive it under the table. Loop drive was just so changeable that it was a headache for everyone, because nobody could figure out the countermoves.

Right when the Chinese team were working hard on how to crack the loop drive, news came that the Japanese table tennis team were to pay a visit to Hong Kong.

Cai Mingshu, Former Vice President
Guangdong Table Tennis Association

The loop drive had never been seen in China before, so we sent Zhuang Jiafu there to spectate.

Zhuang Jiafu, Former Vice President
Chinese Table Tennis Association

Nobuya Hoshino, Then Member
Japanese Table Tennis Team

The Hong Kong player was Wu Guohai. When Hoshino served the ball, and Wu caught it with a chop, the ball flew outside of the court barrier. The audience were shocked.

Jiang Yongning, Then Member
Chinese Table Tennis Team

Sun Meiying, Then Member
Chinese Table Tennis Team

Qiu Zhonghui, Then Member
Chinese Table Tennis Team

When Zhuang Jiafu finished his secret observation and returned to the team, the Chinese players started to practice and explore countermoves against the loop drive. They changed their original style and devoted themselves to studying the loop drive, willingly paving the way for the eventual world champion.

Hu Keming, Former Member
Chinese Table Tennis Team

We needed to adapt ourselves to the style, so we went back to our former style, learning the techniques of loop drive.

Behind every gold medal and every world record, there's an army of training partners paving the way for world champions. Their devotion and sacrifice, their virtue and nobility of character, enable them to reach a plane of existence unattainable for most ordinary people. So, "partner training" retained its place in the armory of coaching techniques to this very day.

Finally, in 1961, the 26th World Table Tennis Championships opened in Beijing.

Xiong Ming, Designer
Workers' Gymnasium

There weren't many automobiles at the time, but they lined all the way up to the Agricultural Exhibition Center. A great many people were coming.

Koji Kimura, Former Vice President International Table Tennis Federation

The World Championships was being held in the newly completed Workers' Gymnasium, capable of accommodating 15,000 people. It was a great gymnasium!

Song Shixiong, with only 1-year's working experience at work, sat at the live broadcast desk for the first time. Recalling the moment, he looks as excited as ever.

Zhang Zhi, Sports Commentator
Huang Jichen, Sports Reporter
Song Shixiong, Sports Commentator

This was where Mr. Zhang Zhi and I commentated on the final of the 26th World Table Tennis Championships.

On April 4th, 1961, among those occupying seats in the sold-out auditorium were leaders such as Zhou Enlai, Deng Xiaoping, and He Long, as well as officials from the ITTF who had come for the opening ceremony.

Rong Gaotang, president of the organizing committee gave an opening speech extending a warm welcome to friends and guests from all around the world. Ivor Montagu, Founder President of ITTF said it was a competition dedicated to developing and promoting friendship.

Manuscripts of Rong Guotuan's Autobiography 1937-1961

It was a competition of the highest level. Compared with the one in 1959, the table tennis techniques had been greatly improved and enhanced.

The Chinese team battled their way to the men's team final. Now, only the Japanese stood between them and the championship.

Nobuya Hoshino, Then Member Japanese Table Tennis Team

Ichiro Ogimura, Then Member Japanese Table Tennis Team

Koji Kimura, Former Vice President International Table Tennis Federation

Nobuya Hoshino had performed outstandingly at the Dortmund World Championships in 1959. Mr. Hoshino said that he could at least score two points at this event. So, if Koji Kimura scored two points, and Ichiro Ogimura scored one, we would win 5-4.

At 7:30 PM on April 9th, the men's team event between Chinese and Japanese teams began. In the first seven games, both team had wins and losses.

Zhuang Zedong, Then Member Chinese Table Tennis Team

Xu Yinsheng, Then Member
Chinese Table Tennis Team

Zhuang Zedong took the lead and scored two points for the Chinese team. Xu Yinsheng scored two points for the Chinese team despite initially losing one point.

Meanwhile, Rong Guotuan, the highly-rated reigning men's singles champion, lost two points in the first two games.

Huang Xiuzhen
Rong Guotuan's Wife

We didn't expect him to lose two games in a row. At the time, many of us were discouraged.

Voice of Zhang Zhi, Commentator

When the score turned 4 to 3, it meant that Chinese team could win if we won another game. Right at the key moment, Rong Guotuan and Nobuya Hoshino appeared.

Koji Kimura, Former Vice President
International Table Tennis
Federation

Since I had just beaten Rong Guotuan, I was quite confident that we'd win the team event.

So, game eight of the men's team final began.

Cai Mingshu, Former Vice President
Guangdong Table Tennis Association

It was a key game. If we lost it, the next one would be harder to win.

Zhuang Jiafu, Former Vice President
Chinese Table Tennis Association

He had lost two points, so if there was a time to throw everything into the match, this was it.

Song Shixiong
Sports Commentator

Some of our country leaders didn't dare to look. They went to the lounge and asked their secretaries to call the scores for them.

Rong Gaotang, Vice Director
Former Chinese National Sports
Commission
Interviewed in 1999

Generals like Luo Ruiqing and Liu Yalou said, "Rong Gaotang is issuing totally confused orders! Why does he send in Rong Guotuan after losing two games!"

Manuscripts of Rong Guotuan's
Autobiography 1937-1961

Director Rong told me in the lounge, "If you are bold, you'll win, otherwise you will lose." He was quite determined, which greatly inspired and encouraged me.

Voice of Zhang Zhi, Commentator

Although Nobuya Hoshino lost two games in a row, his offensive play was as strong as ever.

To counter the backhand, Rong Guotuan used the half volley, throwing everything into the game.

Huang Xiuzhen
Rong Guotuan's Wife

I was confident in him, and I thought the shakehand grip of the opponent was his weakness. I knew that, but I still had a feeling that he'd overcome it and somehow manage to win the game.

In the end, the odds against them, they drew after two rounds.

Qiu Zhonghui, Former Member
Chinese Table Tennis Team
Interviewed in 2001

Rong Guotuan said, "Today, Hoshino and I are Tweedledum and Tweedledee. It means we are both incompetent at the same level today. We'll see who plays worse." Therefore, he said he could only struggle to win, because there were few memorable struggles in life.

After six or seven rounds, the match remained in deadlock. With the match hanging in the balance, tension and nerves were etched into the faces of the audience.

Voice of Zhang Zhi, Commentator

Will Hoshino win this round? The atmosphere became intense. Rong Guotuan's push failed to drive the ball over the net, 20 to 18.

Song Shixiong
Sports Commentator

At the time, Hoshino was at a stalemate with him.

Hu Keming, Former Member
Chinese Table Tennis Team

He intentionally prevented Hoshino from attacking with his fierce loop drive.

Voice of Zhang Zhi, Commentator

Hoshino went out of bounds, and Rong Guotuan won the third round. The Chinese team won the men's team final.

The men's team final concluded at 10:25 PM. Despite the late hour, the whole audience rose from their seats, breaking into a spontaneous storm of applause and cheers.

For the first time, the Swayling Cup was in the hands of the Chinese team. With this victory, the Chinese team had come of age as a world-class power in table tennis!

Koji Kimura, Former Vice President
International Table Tennis Federation

The spiritual power of Rong Guotuan was to believe that he could win the game even at a draw with a 20-20, and to struggle as hard as he could to realize it. Only when we are put in such a situation, are we able to understand the strength of a mentality like that.

At the 26th World Table Tennis Championships, the Chinese men's team won the team event and made a clean sweep of the top three in men's singles. The women's team also won the women's singles. This World Championships in Beijing was a milestone in the development and growth of table tennis in China.

By being bold and courageous in the face of difficulty, with his lofty spirit, his noble aspirations and painstaking efforts, Rong Guotuan integrated his patriotism, his will to strengthen the country, and his achievements, injecting his dreams and magnificent feats into the great struggle of realizing the Chinese dream, leaving his own mark on the history of the great rejuvenation of the Chinese nation.

In 1984, Rong Guotuan was listed into
"Outstanding Athletes in the 35 Years after the Founding of the PRC".

In 2009, Rong Guotuan was listed into
"100 Inspiration Role Models since the Founding of the PRC".

In 2019, Rong Guotuan was hailed as one of the "Most Beautiful Strugglers."

下集

PART 2

In 1961, Rong Guotuan shouted out, "There are very few chances to fight for our goal in our lifetime, and now it's time to grab the chance!" Since then, these words have been inspiring generations of Chinese athletes to perform at their best, driving them to win honor after honor for both the country and themselves.

Today, 60 years on, this phrase has become an inspirational quote that countless Chinese people live by, part of the spiritual heritage driving the Chinese nation to strive for progress.

Rong Gaotang, Then Vice Director
Former Chinese National Sports
Commission

Zhuang Zedong, Then Member
Chinese Table Tennis Team

Zhang Xielin, Then Member
Chinese Table Tennis Team

In April 1963, the chinese men's team swept the board at the 27th World Table Tennis Championships held in Prague, winning all major titles. By contrast, the Chinese women's team put in a disappointing performance, losing on all fronts.

Shanghai

Zheng Minzhi, who represented China in the 27th World Championships for the very first time, was a mainstay of the women's team. She was known as "Little Swallow".

Zheng Minzhi, Former Vice President
Chinese Table Tennis Association

In 1963, our women's team was in a really tricky situation. While the older players were due for retirement, the younger ones still weren't up to international standard. At that time, Japan represented the highest level of table tennis in the world.

Rong Gaotang, Mao Zedong

This picture was shot in 1963. On his return, Rong Gaotang reported to Mao Zedong with the trophies of the men's singles, men's doubles, and men's team titles. Mao Zedong examined the trophies closely.

Awards Ceremony
27th World Table Tennis Championships
April, 1963

Mao asked, "These trophies are ours now, right?" Rong Gaotang explained, "We are just keeping the trophies until the next championships. And then we need to give them back and try to win them again."

Mao pondered for a moment and said, "So it means we need to start all over again." Mao's words put a lot of pressure on Rong Gaotang's shoulders.

At the Beijing International Table Tennis Tournament in 1964, the Chinese women's team suffered yet another defeat and lost all matches against Japan's team.

He Long, Zhang Xielin, Rong Gaotang

Vice Premier He Long could bear it no longer and assigned Rong Guotuan to the women's team.

Ou Shenglian, Former Member
Chinese Table Tennis Team

Back then, Rong Guotuan was the coach of the men's team. But it's easy to tell that there was no one better than him to make the women's team a world-class team.

In December 1964, Rong Guotuan officially became the head coach of the Chinese women's table tennis team.

Rong Guotuan, Li Henan, Lin Huiqing, Zheng Minzhi, Liang Lizhen

Ou Shenglian, Former Member
Chinese Table Tennis Team

Rong Guotuan was a man who didn't do anything by halves-the best or nothing. He wouldn't take on something just as a burden he had to bear. He loved to take on challenges.

Huang Xiuzhen
Rong Guotuan's Wife

He said that the timing was quite tight, but since the leaders trusted him with the task, he'd manage to get the job done.

Rong Guotuan had to face up to new challenges. He even postponed his wedding date and devoted himself to training the women's table tennis team instead.

Huang Xiuzhen
Rong Guotuan's Wife

He suggested that we postpone our wedding. I was also an athlete at the time, so I knew very well what it means to be a coach or athlete. The competitions are always the first priority. Otherwise, there's no point in being a coach or athlete. So I supported his decision without hesitation.

Rong Guotuan and Huang Xiuzhen

At that time, Huang Xiuzhen, Rong Guotuan's fiancée, was a player in the national athletics women's team. She understood all too well the pressure Rong Guotuan would be under.

Huang Xiuzhen
Rong Guotuan's Wife

He said he had faith and confidence in leading the women's team to win the next world championships. He said he'd give all he had to achieve this goal.

Zheng Minzhi

Rong Guotuan firmly believed that the women's team should learn from the men's team. By adopting the spirit of "grabbing the few precious chances in life", they could perform at their best, outdo strong opponents and win the final victory!

Liang Lizhen, Former Member Chinese Table Tennis Team

One day, he came to my room and told me that he set a new goal, which was to lead us to win the world championships.

Ou Shenglian, Former Member Chinese Table Tennis Team

Rong Guotuan started to think of how to help the women's team stage a turnaround. Because after the 26th World Championships, it had become the most important and most closely watched issue in the whole table tennis team.

Liang Lizhen, Former Member Chinese Table Tennis Team

He wrote down "women's team's turnaround" in my training diary. I can still remember the solid strokes that reflected his firm will and faith. It reminds me of him whenever I write the same words now.

Zheng Minzhi, Former Vice President Chinese Table Tennis Association

He said he was clear that his goal at the women's team was to lead them to victory in the world championships. He was very aware of this.

Rong Guotuan
Jiang Yongning
Qiu Zhonghui
Xu Yinsheng
Zheng Minzhi, Lin Huiqing

At this point, the 28th World Table Tennis Championships was less than four months away. How to bring the women's team from rock bottom to ultimate victory? Everyone considered it an extremely difficult task. As witnesses recall, however, Rong Guotuan seemed to have it all figured out already.

Ou Shenglian, Former Member Chinese Table Tennis Team

At that time, Rong Guotuan had coached the men's team for over a year, and he knew the level of the women's team as well as the level of the other countries' national teams. He was no doubt the best person to lead the women's team.

Men's Team Final

Hoshino served a high ball. Xu Yinsheng smashed the ball with all his might. 3. 4. 5. 6. 7. 8. 9. 10. 11. 12.

Xu Yinsheng, a witness to the 60-year glorious history of Chinese table tennis, had given a brilliant demonstration of the now legendary "12 smashes".

Xu Yinsheng

To help the women's team achieve their turnaround, at the end of 1964, Xu Yinsheng was invited to the women's team to give a professional lecture on how to play table tennis.

Xu Yinsheng, Then Vice Director
Former Chinese National Sports Commission
Interviewed in 2007

I went there to "light the fire" and to ignite their faith and will. I didn't think of how they would think of me.

Ou Shenglian, Former Member
Chinese Table Tennis Team

He helped them gain the courage and confidence they needed to win the women's team title.

Zheng Minzhi, Former Vice President

Chinese Table Tennis Association

He enabled us to be confident as well as cautious to deal with any opponent. He told us that we used to get afraid before competing with foreign players, which would lead to nothing but failure.

On How to Play Table Tennis
Comrade Xu Yinsheng's Speech to the Chinese Women's Table Tennis Team

Xu Yinsheng's speech attracted Mao Zedong's attention. In 1965, Mao commented: "The talk is full of dialectical materialism and is throughout opposed to idealism and metaphysics. I have not read anything so good for years. What he talks about is a ball game; what we can learn from it are theory, politics, economy, culture, and military affairs."

Reading from Rong Guotuan's Article
Women's Team's Staging a Turnaround

Xu Yinsheng's speech was a living application of Mao Zedong Thought. It is Mao Zedong Thought that lights up the way for the women's team and illuminates everyone's heart.

Ultimately the influence of the wisdom applied to the Chinese table tennis team would transcend sports circles, and take its place in the spiritual treasury of the whole of society.

Soon, *People's Daily* published the full text of the speech, with a special quote from Rong Guotuan: "There are very few chances to fight for our goal in our lifetime, and now it's time to grab the chance!"

As a result, this famous quote became a personal motto for many people. Rong Guotuan had taken his place among the ranks of fighting heroes and model workers as an inspirational idol for the youth of his day!

Zheng Minzhi, Former Vice President
Chinese Table Tennis Association

Actually, I didn't dare to talk to him. I just looked at him with admiration. Once when he passed me, he whispered the lyric of a children's song about a little swallow-my nickname. I didn't know how to react and just laughed. In my mind, he was a respectable, serious, but also amiable man.

Liang Lizhen, Former Member
Chinese Table Tennis Team

Rong Guotuan was a righteous man with a great sense of justice. He was genuine and truly wanted to help us. He could point out our shortcomings while others couldn't.

Zheng Minzhi, Former Vice President
Chinese Table Tennis Association

When Rong Guotuan came to be our head coach, I was very happy. I trusted him and looked forward to learning from him. Why? Because he was an excellent player and a coach with a lot of experience. He won the honors when the Chinese team was in an unfavorable situation.

Huang Xiuzhen
Rong Guotuan's Wife

You could see from his work that he was a serious and careful person. He made and adjusted detailed plans for every player. He didn't like to joke around.

Rong Guotuan came up with a whole new set of training methods, inviting top players from the men's team to come and practice with the women's team, an approach that would later come to be incorporated in the grand tradition of Chinese sports circles.

Ou Shenglian, Former Member
Chinese Table Tennis Team

When Rong Guotuan was assigned to coach the women's team, he immediately thought of me. So I was then sent to the women's team to practice with them. Our mission was very clear, which was to mimic the players of Japan's women's team.

Rong Guotuan, Then Head Coach
Chinese Women's Table Tennis Team

Zheng Minzhi, Then Member
Chinese Table Tennis Team

Zheng Minzhi, Former Vice President
Chinese Table Tennis Association

They were selfless and patient, but I wasn't, because I had a goal and a lot of pressure. Sometimes when I couldn't meet the coach's requirements, I became very irritable and impatient - like when I was supposed to complete 100 boards in a row, but failed at the 98th board. So both the players that came to practice with us and the coach put a lot of effort into comforting me.

Ou Shenglian, Former Member
Chinese Table Tennis Team

He'd begin by explaining the training plan, then watch the training process before wrapping up with a summary of the training. He could point out and criticize everyone's mistakes.

Liang Lizhen, Former Member
Chinese Table Tennis Team

Comic-Table Tennis Star: Rong Guotuan

Only Rong Guotuan identified my problem. He told me that when the match proceeded to key moments, I always chose to attack continuously, and that was not bravery but recklessness. He said I should decide when to attack according to the strategy. This was enlightening for me.

Zheng Minzhi, Former Vice President
Chinese Table Tennis Association

He said that my specialty was defense, which looked passive but was actually offensive. I should counterattack at the right time with my chop shots. His guidance gave me a lot of confidence.

Cai Mingshu, Former Vice President
Guangdong Table Tennis Association

There were two shakehand players and two penhold players, and he knew all of them like the back of his hand.

Zheng Minzhi, Former Vice President
Chinese Table Tennis Association

He said that the four of us were already capable of winning the world championships, and the key was if we were brave enough to fight for it.

In April 1965, the 28th World Table Tennis Championships kicked off in Ljubljana, Yugoslavia.

Tivoli Hall, Ljubljana, Slovenia
July, 2021

This is Tivoli Hall in Ljubljana.

The table tennis players from all over the world have gathered here.

Zheng Minzhi, Former Vice President
Chinese Table Tennis Association

Cuban Song - The Hymn of the 26th of July Movement

We were on the van that day, and the atmosphere was a bit heavy. Liang Lizhen wanted to cheer us up and suggested that we sing a song together, and then she started to sing a song that we all knew. We are Working Towards the Same Goal
Victory Will be Ours
For peace, for our country
And for freedom
Let's fight together

The four players representing China in the women's team event were penhold players Liang Lizhen and Li Henan, and shakehand players Lin Huiqing and Zheng Minzhi.

Liang Lizhen, Then Member
Chinese Table Tennis Team

Li Henan, Then Member
Chinese Table Tennis Team

Liang Lizhen and Li Henan played most of the matches in the group stage and semi-finals. They won all seven matches easily and advanced to the final of the women's team, putting up strong opposition to Japan.

Liang Lizhen, Former Member
Chinese Table Tennis Team

The four of us were all at a quite high level. My techniques and Li Henan's were better against European players, and Lin Huiqing and Zheng Minzhi's style could deal with Japanese players more easily.

Zheng Minzhi, Former Vice President
Chinese Table Tennis Association

Rong Guotuan drew a dragon. Liang Lizhen and Li Henan were the body, and he didn't mark the eyes, meaning that I and Lin Huiqing winning the match would be the eyes of the dragon.

The then head coach of Japan's women's team was Rong Guotuan's rival, Ichiro Ogimura. Although he was impressed by the performance of the Chinese women's team, he was still confident that they could beat China again as they were well prepared for the two penhold players, Liang Lizhen and Li Henan.

Cai Mingshu, Former Vice President
Guangdong Table Tennis Association

Rong Guotuan figured out that China's shakehand players were much stronger against Japan's team than penhold players, and European players couldn't handle our penhold players well.

Koji Kimura, Former Vice President
International Table Tennis
Federation

Japan's women's team had defeated other teams by a landslide, and practiced against China as a hypothetical opponent.

Rong Guotuan, Then Head Coach
Chinese Women's Table Tennis
Team

Liang Lizhen, Then Member
Chinese Table Tennis Team

Until the final, Rong Guotuan always let the two penhold players make high-profile appearances in order to induce Japan's team to let down their guard.

Zheng Minzhi, Former Vice President
Chinese Table Tennis Association

Zheng Minzhi, Then Member
Chinese Table Tennis Team

Naoko Fukatsu, Then Member
Japanese Table Tennis Team

I only played once in the doubles against the Soviet team. And then Rong Guotuan told me to try not to play more matches, and not to show my skills so that we could create a false impression for Japan's team.

Lin Huiqing, Then Member
Chinese Table Tennis Team

Zheng Minzhi, Then Member
Chinese Table Tennis Team

On April 19th, Rong Guotuan made a bold prediction on Japan's team roster and sent Zheng Minzhi and Lin Huiqing to play in accordance with the previous plan.

Zheng Minzhi, Former Vice President
Chinese Table Tennis Association

We had a very clear division of tasks, and the final blow would be done by me and Lin Huiqing.

Rong Guotuan's Article
Women's Team's Staging a Turnaround

Some say it's risky. That's right. To achieve the revolution, we must dare to take risks. That's why we say the most splendid view is only on the most dangerous peak. After careful analysis and comparison, I believe that this risk is worth taking.

Zheng Minzhi, Former Vice President
Chinese Table Tennis Association

The Japanese players had no idea that I'd play, so they were quite surprised when they saw me.

Ou Shenglian, Former Member
Chinese Table Tennis Team

"Where were Li Henan and Liang Lizhen?" At that point, the Japanese had lost psychologically. They had some urgent training with a few shakehand players, but it was too late because they all panicked.

Rong Guotuan's Article
Women's Team's Staging a Turnaround

When I think back on all the strenuous training we've had and the sweat we've shed, the intensity of the world championships seems to become no more challenging than what we've already been through.

Zheng Minzhi, Former Vice President
Chinese Table Tennis Association

He walked up to me, and asked me to play the first match against Masako Seki. Then he shook my hand, and said it was time to grab the chance to fight for it.

Lin Huiqing, Zheng Minzhi, Rong Guotuan

The first match is the women's team final between China and Japan.

Voice of Zhang Zhi, Commentator

Zheng Minzhi, Then Member
Chinese Table Tennis Team

Masako Seki, Then Member
Japanese Table Tennis Team

The first game is between Zheng Minzhi and Masako Seki. Masako Seki is short of stature and is a world-famous player good at attack. But today, in the face of Zheng's steady chop shots, she's made a lot of mistakes in attack.

Lin Huiqing, Then Member
Chinese Table Tennis Team

Naoko Fukatsu, Then Member
Japanese Table Tennis Team

Zheng Minzhi defeated Masako Seki 21-12 in the third game, claiming the first point for China!

The second game is between Lin Huiqing and Naoko Fukatsu. Japan's rising star, she remained unbeaten during her visit to China last year with 12 straight wins. Lin goes into the game full of confidence. This'll be another protracted battle.

Lin has lived up to expectations, finally beating Fukatsu 21-15.

China now leads 2-0!

Ichiro Ogimura
Masako Seki

Rong Guotuan

During the short break, Japan's coach looked solemn compared to the relatively relaxed Rong Guotuan. Rong knew that the Chinese women's team was only a step away from completing its turnaround!

Koji Kimura, Former Vice President International Table Tennis Federation

The two Chinese shakehand players Zheng Minzhi and Lin Huiqing were really the world's best defensive players.

The third match was the doubles. Eager to avenge the defeat, the Japanese team became impatient, and played increasingly sloppily. Time for Lin Huiqing and Zheng Minzhi to take the initiative!

Zheng Minzhi, Former Vice President Chinese Table Tennis Association

I wrote on my hand: "Bravery, calmness, decisiveness, and persistence lead to victory. We must win this."

Voice of Zhang Zhi, Commentator

Now the Chinese duo lead 20-11. They keep confusing their opponents with chop shots with unpredictable spins.

Masako Seki's made a mistake! Chinese duo win the first game 21-11! The situation is very favorable to the Chinese women's team.

Rong Gaotang, Vice Director Then Chinese National Sports Commission

What will happen in the crucial third game? The atmosphere is growing tense!

Koji Kimura, Former Vice President International Table Tennis Federation

The coach of China kept telling the players not to make mistakes.

At this critical moment, Zheng Minzhi's powerful loop shot worked. China defeated Japan, holders of the world title for 8 consecutive years, 3-0.

At last, the Chinese women's team has swept aside the six-time world champion Japan's women's team 3-0 and won the Corbillon Cup for the very first time.

The coach had planned faultlessly and made all the necessary adjustments for the women's team final. All the players had to do was keep calm and do their best. The result was a classic table-tennis duel!

Laszlo Pigniczki, Former Member Hungarian Table Tennis Team

I participated in the 1965 World Championships. I saw China's national team and Rong Guotuan. It was easy to tell that after the rise of the Chinese men's team, the women's team had also made great progress, making China into a world power in table tennis.

To be fair, the overall strength of the Chinese women's team was slightly inferior to that of the Japanese women's team, but Rong Guotuan's unexpected and clever tactics lured Japan into a trap. This is the story of the dragon's eyes, famous in the history of Chinese table tennis.

A few days later, Lin Huiqing and Zheng Minzhi beat the Japanese pair again, winning women's doubles title.

Rong Guotuan's Article
Women's Team's Staging a Turnaround

Vice Premier He Long greets the Chinese table tennis team at the airport. Late Night of May 4th, 1965

The Chinese women's team won two gold medals at the 28th World Table Tennis Championships-a milestone in the rise of the Chinese women's table tennis team.

China Wins Men's and Women's Team Table Tennis at World Championships

Koji Kimura, Former Vice President International Table Tennis Federation

It had an impact on the whole world.

China showed us a completely new world. New players emerged, bringing a new look to Chinese table tennis.

For Chinese table tennis, Rong Guotuan was a man not to be forgotten. I should also call him a forerunner.

Rong Guotuan's Article
Women's Team's Staging a Turnaround

We had a very precious time together. They trained and played hard for the honor of the motherland and for the women's team's turnaround. Every moment we spent together touched me deeply, and I will never forget this experience.

Zheng Minzhi, Former Vice President Chinese Table Tennis Association

"There are very few chances to fight for our goal in our lifetime, and now it's time to grab the chance." I think his words are extremely inspiring and powerful. We need people like him, and we need to pass on this spirit.

Unveiling Rong Guotuan's Statue Zhuhai, Guangdong Province September 16th, 1987

"Grab the few precious chances" is a motto and belief that binds together all Chinese athletes and coaches. Time flies by, but the spirit of striving for progress has been passed down and will always be remembered.

This is a documentary which tells the story of the Chinese women's volleyball team winning the first world championship.

Before the final, Lang Ping wrote in her diary: "Let's remember Rong Guotuan's words: 'There are very few chances to fight for our goal in our lifetime.' For the honor of the motherland, for Chinese volleyball to make a breakthrough in the world, to raise the national flag, to get the medal, and to win the championship, let's make the greatest effort!"

The Final of the 3rd Volleyball Women's World Cup was played on November 16th, 1981, with China taking on Japan.

Voice of Song Shixiong, Commentator

Japan's team aims to win back-to-back World Cups. The Chinese players are going to give everything they have to fight for the championship today. They are thinking of Rong Guotuan's words, "There are very few chances to fight for our goal in our lifetime." And now is time for them to grab the chance!

The two sides were tied 2-2 in the first four games. In the fifth game, China scored 16-15 at the critical moment, taking the

first match point. Triumph at the moment of highest stress and tension!

Sun Jinfang blocked the ball! 17-15, China took the final victory by two points.

We've heard the national anthem countless times, but hearing it now makes me exceptionally excited.

With this volleyball victory, the process of "breaking out of Asia and going to the world" had begun for Chinese volleyball, basketball and soccer.

In the men's volleyball game between China and Korea in 1981, China came from behind to snatch ultimate victory. That night, Peking University students chanted "unite together to revitalize the Chinese nation", proclaiming in unison the theme guiding reform and opening-up.

Opening Ceremony of 23rd Summer Olympics
Los Angeles, USA
July 28th, 1984

After the reform and opening-up, China participated fully in the Summer Olympics for the first time in 1984.

At the final of the men's 50-meter free pistol, Chinese shooter Xu Haifeng was about to fire his last ten shots. He stood steadily at the firing position, lifted his head, adjusted his breath, and raised the gun.

Nine! Ten! The last shot! Nine!

It was a shot that propelled Xu Haifeng to gold with a total of 566 , becoming China's first ever Chinese Olympic champion.

The then president of the International Olympic Committee Juan Antonio Samaranch said, "This is a great day in the history of Chinese sports."

As many people know, Deng Yaping was once persuaded to quit the provincial training team because of her short stature. But these shortcomings combined with her resilient personality only drove her to become more hardworking and diligent. She broke through the barriers and went from strength to strength.

In the warm-up matches before the 1996 Olympic Games, Deng Yaping lost five games in a row. The pressure on her was truly immense, but she knew all too well how to turn pressure into motivation!

21-14.

After winning the title of the women's doubles, she advanced to the final of the women's singles. Her opponent was the equally strong former Olympic champion Chen Jing. Deng Yaping made the first move and took the first two games, while Chen Jing won two consecutive games to tie the match.

Deng Yaping missed a serve and lost this game 17-21.

At this critical moment, something more important than technique came into play: faith and will. It was this that gave Deng Yaping the upper hand.

Voice of Song Shixiong, Commentator

Deng Yaping wins the 5th game 21-5! She has defeated Chen Jing of Chinese Taipei by a total score of 3-2, winning the gold medal of the women's singles. The president of the IOC Samaranch presents her with the award.

Opening Ceremony of 11th Asian Games
Beijing, China
September 22nd, 1990

Alongside reform and opening-up, China's sports and sports industries developed vigorously.

Lang Ping, Zhu Jianhua, Xu Haifeng, Li Ning, Nie Weiping, Gao Min, Deng Yaping, and many other athletes have defied the odds, challenged themselves, fought bravely, and won glory for the country, augmenting the courage and strength of the Chinese people who have opened the door and are marching into the world with their heads held high.

He Zhenliang, Then Member
International Olympic Committee

No matter what decision you make today, it will be recorded in history. However, one decision will certainly serve to make history.

Juan Antonio Samaranch, Then President
International Olympic Committee

The Games of the 29th Olympiad in 2008 are awarded to the city of Beijing.

Opening Ceremony of 29th Summer Olympics
Beijing, China
August 8th, 2008

The International Olympic Committee's decision made history and allowed the Olympic flame to burn bright and radiant in the most populous country on earth.

In the Beijing 2008 Olympic Games, Chinese athletes presented a perfect performance for the whole nation, with China ranking first in the gold medal table.

Meanwhile, the Chinese table tennis team were setting a record of unprecedented brilliance.

Zhang Yining, Wang Nan, and Guo Yue took the gold, silver, and bronze medals in the women's singles and won the women's team title.

But the men's team was not to be left behind. After winning the men's team title, Ma Lin, Wang Hao, and Wang Liqin added to their triumph by taking first, second, and third places in the men's singles.

Three Five-starred Red Flags were simultaneously raised twice in the arena. Every time the national anthem was played and the national flag was raised, it stirred the hearts of the Chinese people, making them feel immensely proud and honored!

"There are very few chances to fight for our goal in our lifetime, and now it's time to grab the chance!" These words show the indomitable and unyielding spirit of the Chinese nation and embody the Olympic spirit of "Faster, Higher, Stronger - Together."

Opening Ceremony of 32nd Summer Olympics
Tokyo, Japan
July 23rd, 2021

At the 32nd Summer Olympic Games in Tokyo, 2021, the Chinese sports delegation won new honors and added new luster to the 100th anniversary of the founding of the Communist Party of China, thanks to their excellent sporting achievements, wonderful performances, and inspiring and uplifting spirit.

14-year-old diver Quan Hongchan, participating in the Olympic Games for the first time, surprised everyone by getting three perfect 10s.

Quan Hongchan
Chinese Diver

Thank them for encouraging me and telling me not to be afraid.

Shot putter Gong Lijiao finally fulfilled her dream and won the gold medal at her fourth Olympic Games.

Gong Lijiao
Chinese Shot Putter

I made it. I've waited for this moment for 21 years. This is my 21st year of training. Many people have asked me if I was retiring, but I think I'll keep training until I can't do it anymore as long as my motherland needs me.

Su Bingtian broke the Asian record for the men's 100 meters with a time of 9.83 seconds, becoming the first Chinese person to enter the 100 meters final at the Olympics.

Su Bingtian made history! He ranked first in the group stage!

Su Bingtian
Chinese Sprinter

After all these years of effort, I can finally compete in the Olympic 100 meters final. I think I've achieved my dream and lived up to all the blessings and expectations our predecessors have given to our generation.

On July 26th, 2021, Chinese duo Xu Xin and Liu Shiwen took on the Japanese pair Jun Mizutani and Mima Ito in the first ever table tennis mixed doubles final at the Tokyo Olympics.

The table tennis mixed doubles was played in a best-of-seven series. Xu and Liu played well and won the first two games. However, in the third, fourth, and fifth games, the Japanese pair made a strong comeback and won three games in a row.

Although Xu and Liu rose to the challenge and brought the score to 6-10 in the last game, Japan finally won the deciding game 11-6. China's team had got off to a bad start.

Despite these extremely difficult circumstances, the players' strong will and fighting spirit showed through and they rose to the occasion. Neither proud in victory nor discouraged in the face of defeat, in the end they defended the honor of Chinese table tennis and reaffirmed the nation's pre-eminent place in the sport.

On the evening of August 6th, with Ma Long, Xu Xin, and Fan Zhendong winning the gold medal in the men's team, the chinese table tennis team finished the Tokyo Olympics with four gold and three silver medals.

The 2021 Tokyo Olympics was Liu Guoliang's first Olympic journey as the president of the Chinese Table Tennis Association. This table tennis legend has a particularly deep understanding of the word "striving".

Liu Guoliang, President
Chinese Table Tennis Association

To defend the glory of the national sport, everyone has fought for 5 years and given a lot. This tremendous pressure is beyond the imagination of ordinary people. Under extremely difficult circumstances, we still performed well and won back-to-back titles. It's a testament to our efforts.

During these five years of preparation, every player, coach, and member of the support team worked very hard and overcame numerous obstacles with solid faith and firm will. In the end, their efforts and sacrifices were capped with success at the Tokyo Olympics!

Thomas Bach, President
International Olympic Committee

Beijing.

In February 2022, the 24th Winter Olympic Games were held in Beijing.

As well as being the first time China has hosted the Winter Olympics and Winter Paralympics, Beijing becomes the first city in the world to have hosted both Summer and Winter Olympics.

Since the successful bid for the 2022 Winter Olympics in 2015, General Secretary Xi Jinping paid close attention to the progress of preparations for the Winter Olympics, encouraging athletes to fight bravely and strive for the honor of the country.

"There are very few chances to fight for our goal in our lifetime." Let's promote the development of winter sports together.

Opening Ceremony of 14th National Games
Xi'an, Shaanxi Province
September 15th, 2021

The development of sports is not only an important aspect of the Chinese dream in itself, but also provides a powerful spiritual impetus for the great rejuvenation of the Chinese nation.

"There are very few chances to fight for our goal in our lifetime, and now it's time to grab the chance!" This inspirational quote of Rong Guotuan has created the enduring success of Chinese table tennis as well as contributed to realizing the great dream of becoming a sports power.

Celebration of 100th Anniversary of Founding of CPC
Tiananmen Square, Beijing
July 1st, 2021

Over the course of a century of striving, this spirit has been passed down from generation to generation, transcending sports and becoming the reflection of the Chinese people's endeavor and perseverance, emitting the dazzling light of the indomitable and unyielding spirit of the Chinese nation.

纪录片《人生能有几回搏》创作团队

Presented by Xue Jijun Tan Jing

Chief Executive Producers Han Zhaojiang Min Yuntong Sun Xijiong

Art Director Chen Guangzhong

Chief Director Yan Dong

Planning Ning Guifei Chen Xiaojun Li Danyuan Chang Libo

Chief Associate Directors Lin Weiqi Wu Shengli Li Kai

Script Wang Fu Zhang Yizai Huang Li

Directors Shen Zhenghai Liu Hui Tian Yongli Yang Shiyi

Adviser He Zhiyi Li Ting Jiang Ying Tong Ning Zhang Changjiang Wang Jiansheng Yu Lijing

Assistant Directors Ma Lili Zhang Hao Cao Gang Lu Xiang

Directors of Photography Bao Yitao Shao Zhiwen

Camera Yuan Shuai Xu Haiquan Li Da Cheng Biao Wang Yanan Zeng Yiping Jia Liuyiyu Wang Hong Wang Chun

Assistant Cameramen Yang Zhiyin Wu Zeyu

Journalist Ruan Jiawen Kong Fang Zhang Ying Xu Ming Li Weibing Liu Jie Zhang Qian Guo Enyou Hong Min

Archive Inspector Huang Pinggang

Archive Supervisor Shi Cun Zhang Danning Liu Zhenyu

Archives Gao Feng Zhang Shuang Fang Yuan

Archive Editor Guo Jianfen Xu Bin Du Shasha Yuan Jing Zhou Wen Zhang Xiaomei Liu Pengpeng

Archive Provider He Zhiyi Wu Dongsheng Wu Guanghui Günther Angenendt

Visual Adviser Zhang Xiaohe Zhang Jiguang

Visual Director Zhou Wenlei

Packaging Designer Han Fan Pan Yan
Lin Xiaopeng
Packaging Producer Sheng Xiaofeng
Wang Dongdong Rong Xinjing Feng
Xin Che Yiyuan Wen Hao Cui Kai
Zhang Jiaying Zhang Qingling Li
Wentao Yue Hongtao Liu Yi Liu
Peiqi Liu Juanjuan Shao Wensi
Post-Production Coordinator Li Yi Li
Zhiwei

Editors Tang Jiyi Wang Lun
Technical Support Sun Zhenyu Wang
Wei
Colorists Du Hongpeng Kang Yuxin
Music Mao Weiwei
Audio Wang Yue He Feng
Commentator Su Jingyue

Communicator Coordinator Yuan
Wengang Wang Maohua Zhao Jingjin

Sun Lianlian Yu Haixia

Newmedia Communicator Tian Long Liu
Ming Tian Chuyun
Broadcast Coordinator Quan Yong Hong
Lijuan Zhang Xuemin Duan Xiaochen Hou
Jie Chen Xi
Line Producers Ma Yan Li Xiaojuan Wei
Wei Wei Xinyu Zhao Hanqing Zeng
Xiaowu Liu Yonggang Chen Qingshun
Xiong Xiangkun Wang Xiao
Production Managers Bian Liqiang Liang
Jiqiong Gu Qi
Producers Nie Congcong Wang Jiantong
Chief Coordinator Huang Yanrong
Coordinators Lu Xin Liu Ru Bai Li
Chief Producer Yan Dong
Co-produced by
China Media Group
Zhuhai Municipal Government
Zhuhai Media Group

档案记沧桑

容国团相关
珍贵历史文献

《容国团自传 1937—1961》手稿

爱国是没有条件的，有条件的就不算爱国

作者：容勉之

我 30 岁的时候才结婚，婚后的第二年容国团出生。容国团出生三年后，日本侵略香港，国团的母亲没有工作，我就带着妻子、儿子回到了家乡。乡亲们知道我回来，没地方住，就腾出一间房给我，照顾我暂时避难。我就开始在学校教书，教了 3 年 8 个月，日本投降后，就又回到了香港。

回到香港以后，我找到了一条船走船，当海员。我就交代我的妻子，要找一所学校，让国团读书，就托人找到慈幼学校。介绍国团到慈幼学校读书，我就去当海员了，国团就由他妈妈管教。国团开始在慈幼读书，他的成绩都是名列前茅，老师都赞赏他，也很喜欢他。他后来就喜欢打乒乓球，他打乒乓球很有天分，别看他这么瘦，没想到他这么厉害。他要不在学校打，要不就在街坊打，越打越有进步，成为学校最厉害的乒乓球员，老师都很看重他。

后来我患了胃病，一检查身体（说）我的胃不能再在船上生活，不能再当海员了，船公司就解除了我的职务，我就拿了一份工资退职回家养病，这样生活成了问题了。

我穷，但我有目标，我想打球是一门手艺，行行都出状元，如果国团打得好，将来回祖国效力，都是有希望的。那时候他还在东买（俱乐部）打球，已经很出名了，被称为"东区小霸王"。我病的时候家里经济困难，他看到这情况就跟我说："爸爸我不读书了，

我去打球维持生活。"

之后容国团就专心打球，名声渐渐就大了，在香港很多人都喜欢看他打球，凡是容国团打球的地方人都是爆满的。

没多久，日本乒乓球队来到香港。容国团是香港的单打冠军，当然是代表，打对抗赛。对抗赛的第一个对手就是荻村伊智郎，容国团作为香港第一把手对日本的第一把手，荻村当时已经是世界冠军。比赛的那天晚上观众爆满，因为香港一个新人打世界冠军，肯定爆满啊。那天晚上，容国团直落两盘赢了荻村，整个伊丽莎白球场，观众欢呼雀跃，走下（看台）抱起容国团团团转。第二天报纸全部卖光，几家报纸想要采访容国团。不过容国团他不喜欢出头，记者访问他，他都很谦虚，说：我赢是偶然而已，我就是拼一拼去打而已，没有怎么技高一筹。人家是历届的世界冠军，可能他心中有事，或者有不如意的事情，偶尔失手。当时的报纸都赞扬他，觉得他谦虚。

之后工联会知道了，组织了一个球队叫做"港澳乒乓球联队"，容国团就参加这个球队到内地访问，一直都表现得很好，场场差不多都是胜利，来到北京打几场，都是容国团赢。内地的乒乓球冠军王传耀0：3输给了他（容国团），傅其芳也输给了他，最强的两个都输了。

经过这次表演，贺龙副总理看到了，认为容国团是一个苗子，可以培养成一个人才，就通知广东，叫广东省体委通知香港工联会，想接他回来受训。当时工联会就派人找我，跟我谈，说国家想让容国团回去接受训练。我双手赞成，我一心一意都希望他能得到国家的培养，我就说我个人能力有限，幸得工联会这样照顾、支持、帮助容国团，使容国团取得今天的成就，你们功不可没。既然现在国家需要他，我一定赞成，双手赞成。你们什么时候可以给他办手续回去，我绝对欢迎。之后容国团就回到了内地，受到国家培养，我心中非常安慰。他们问我，（容国团）去了（内地）你有什么困难吗？你有什么要求？我说没有，我一片爱国（心），爱国是没有条件的，有条件的就不算爱国。

　　容国团回到内地之后，2月份的春节，我带他妈妈，曾经来过广东（二沙岛）探望他，国家体委就在大同酒家设宴招待我们夫妇俩，容国团的妈妈在二沙岛见到他（容国团），看他身体好了，而且面色也好了，我们就安心了。我就跟他妈妈说，你看看回来多好，国家这样培养他，他的妈妈就同意回内地。1958年6月，我带上我爱人也一起回到内地，结束了在香港的生活。

（本文根据容勉之先生录音整理，有删节）

容国团和母亲的合影

容国团自传

（1937—1961）

个人历史：

姓名，容国团。性别，男。汉族。广东省中山县南屏乡人。1937年8月10日生于香港，出身于工人家庭，父亲是个洋务工人，我是个独生子。

七岁开始入学，曾就读于香港"知行小学""同济附小"（以上是私立学校），到五年级举家迁到筲箕湾居住，于是又改在该区"慈幼中学"就读，这是一间天主教学校。我父亲是个无神论者，受他之影响，我不但不信教，对于校内所有宗教活动也从不参加。这间学校环境宽广，有着其他学校所没有的各种体育活动设备，如乒乓球室、足球场等。另外，在文化程度方面也比一般商业性的私立学校高，而我从小就喜爱多种体育活动，所以就选择了这所学校学习。

我对体育活动的兴趣和爱好，在有利的"慈幼中学"得到了进一步的发展。除了正常的学习生活，校内经常举办运动会，从那时起，我已经是学校的乒乓队代表、足球的班代表了。此外，有空还学习游泳。

学习一直到升初二年级的时候，家庭的经济发生了严重的恶化，父亲服务的轮舰公司停业（后父亲改业为海员），接着父亲就失业了。由于失业，家庭生活非常困难，仅依靠父亲做些零活，或借助亲友的帮助，才能勉强维持生活。在这样的情况下，我不得不放弃学习，事实上也没有办法交得起学费，只能以此减轻家庭负担。1953年离开学校后，这时正是十三岁（原文为十三岁，应为十六岁，编者注）。父亲的失业，自己的失学，给自己思想上带来了很大的不安，也很彷徨，感到前途

儿时容国团

7岁的容国团

1958年夏，容国团父母回广州定居后合影

有点茫然。但是对于体育活动却仍然是十分酷爱。在失学的日子里，不是在乒乓球室，就是在游泳池或是球场上，度过了那些空闲的岁月，也好像觉得只能这样才能忘记或减轻失学的痛苦和对前途的彷徨不安似的。

一年以后，我的乒乓球进步很快，在1954年效力于"东买"（渔业界资本家俱乐部）乒乓球队，获初级组团体赛亚军奖，我是该队主力队员之一。接着就在球队领队"李成"开设的"香岛"号渔行工作，职务是工人。但凡抄字、出纳，以致为东家私事无一不做，而收入却异常微薄，月薪仅得港币60元，每月工资大部分都拿回家用。与此同时，利用晚上业余时间，到华商会计学校（夜班）学习。簿记班毕业后，再读成本会计，但没有读完，因为精力集中在打球，时间不多，成本会计只学到一半就半途而废了。

在这段期间的生活仍然是非常辛苦的。既要工作，又坚持晚上会计学习，同时还要我一定时间练习。特别是渔坊的工作很不正常，工作集中在上半天，早晨五点就要上班了。这样睡眠时间就很少，精神和体力常会感到不支，影响到身体健康和正常的发育。但为了解决生活，不得不干下去。另外这个俱乐部的会员大都是些资本家，他们那些吃喝玩乐的资产阶级腐化生活方式，也给自己思想意识带来了极有害的影响。如当时我就学会了各种赌博，打球、下棋，经常以此作为赌博，如果不是这样就觉得不够刺激似的。还有就是俱乐部以金钱和特殊化看待去鼓励运动员出成绩。常常为一件衣服，或一顿丰富的晚餐而奋斗；做一件什么事，打一次比赛也好，都要讲报酬，讨价还价。特殊化的待遇，使得有一点成绩的运动员，就骄傲自大。凡此种种个人主义的自私自利思想，当时给我的影响也是极多的。

1955年在一次乒乓球友谊赛中，认识了"工联康乐馆"（进步团体工人联合会领导之进步工人俱乐部）管理员余骏明。以后保持了联系，并在这个组织结交了一些思想进步之工人，对提高自己的思想觉悟有很大的影响。

同年下旬，为了庆祝十一国庆节，工联康乐馆举办了公开的体育活动，我被邀参加了乒乓球项目表演。通过这次表演后，与工联康乐馆之联系更密切了，但此事更为东家所不满，并要我写悔过书，否则要辞我的职，我坚决拒绝此一无理要求，愤然离开了"香岛"号。这次离职才使我认识到资本家那种蛮横无理、压迫工人之真面目。我并没有由于丢了工作而感到惋惜。说实在的，那时候我已经看不惯那些只有几个铜钱，靠着剥削和放高利贷发财致富的老板，骑在工人头上作威作福的现象，心里早怀去志，只是我不到明路，在此暂作栖身而已。

1955年底至1956年底失业，在这期间，曾担任"工联康乐馆""港大渔业工会"（受工联会所领导）两个工会的乒乓球教练，每月收入约50元，勉强能解决个人生活。

直至1956年底才正式在"联益土产公司"工作（工联会领导之全港工人福利事业单位），在营业部任职员，月薪160元。"联"的许多同事是经过有名的全港电车大罢工斗争的骨干分子，被开除后在此工作，这些人工作积极热情，富有正义感，有困难乐于帮助别人。在这里工作使我好像生活在一个集体的大家庭里一样，感到异常温暖。他们生活作风，工作态度都很值得我学习，总之我们相处得很好，同时也过着民主生活，像中心开工会，在工作中有什么问题，大家都可以提出来研究、解决。我很满意这一工作，我看所推销之商品全部是国货，这是有着支持祖国社会主义建设的意义的，另外能为港九各业工人服务，这也是一个光荣的工作。

1956年9月，代表香港工人团体回国参加国庆典礼（北京），并访问了上海、天津、大连、沈阳、长春、鞍山、抚顺等各城市。通过参观访问，目睹祖国社会主义建设事业所取得之伟大成就和全国人民过着幸福美好的生活，亲身体验到我国社会主义制度之优越性，使我深受感动和鼓舞！这次回国观

港澳联队在北京的集体合影

光，对我来说确是一次受教育的好机会，大大加强了对祖国的了解和提高了对祖国的认识，思想收获是很大的。

在这期间，曾多次代表香港乒乓球队来穗，与广州市乒乓球队比赛，并到过广东省基层各地表演，与广州的乒乓球界来往非常密切。当时我曾表示要求回广州体院乒乓球队工作，市体委也表示同意，但未获港组织允许，理由是暂时还要在香港体育界工作一个时期，故事情未有结果。

1957年初，调到"工联康乐馆"工作，职务是职员，调职的原因是当时组织照顾我的打球时间，培养我成为一个优秀的乒乓球运动员。在这里比"联益公司"空闲得多了，无一固定工作，只是有时举行文体活动，为演粤剧、开水运会，或举办球类比赛等，协助做些组织竞赛的工作，其他时间都是个人支配，以打球为主。

1957年秋，容国团回广州体育学院工作、生活，在广州二沙岛体育馆留影

由于有着充分的时间练习，技术进步很快，参加该年之全港公开赛获男子单打、双打（与邓鸿坡合作）、团体冠军（公民队）主力队员之一的三项冠军。接着于该年中旬获选为香港代表参加在马尼拉举行之每年一度亚洲乒乓球锦标赛。但是在出发的一天，不意横生枝节，我的入境证名字居然搞错，以致耽误了比赛时间，终于不能成行。事后进行了解，原来是有人故意搞的鬼，有意对我进行排挤，其出发点是很明显，因为我经常组织球队到广州比赛，影响颇大，但他却早已视我为眼中钉了，而这次选我为代表只是由于我是冠军，这是不得已的事情而已。知道这件事的内幕后，我非常愤慨，深刻地体会到香港体育界的黑暗，所谓体育名流，只不过是一些沽名钓誉，利用体育作为商业化（工具）的一些资本家、商人罢了。我深深觉得留在此地的确是没有什么发展前途，这时回国的思想越来越迫切了。

六月发现身体患有肺结核病，据医生说不能从事体育活动，对此事甚感忧虑，深想今后不能当运动员了。但组织对自己的病非常关怀，给我充分休息时间，并发医用补助金，开始休息治疗，同时并停止了练习。

七月初征得组织之同意，与薛绪初、邓鸿坡三人组队，到南越西贡表演。由于身体情况不好，加上又停止了一个时期练习，技术不够熟练，故成绩平平而已。在西贡停留了约十天就返回香港了。

九月初，以香港队的名义组成男女乒乓球队，应广东省体委之邀请回国到各大城市访问比赛，时间共一月，共到过北京、武汉、上海、杭州、广州等大城市，比赛结果，我个人取得较好成绩，仅在上海输了一场，其他场次都取得胜利。除了比赛以外，并到各工厂、企业参观。时隔一年，许多地方又有了变化，祖国一日千里的成就，再一次使我受到巨大的鼓舞，对社会主义建设事业更加深了信心。

回港后，我又提出了回国工作的要求，结果获得同意，终于在十一月底回到广州体育学院。入院后倍受领导关怀重视，在风景优美的二沙头运动场休养，受到特殊的营养照顾。新的生活使我感到幸福、愉快、心情舒畅，因此，只六个月，我的病就痊愈了。

1958年三月代表广州队参加在上海举行之九城市乒乓球赛，结果获男子单打冠军，团体冠军主力队员之一。在这次比赛中，获得了运动健将的称号。

五月代表中国青年队访问朝鲜，获得全胜。六月返回北京后，以后就没有回广州，一直留在北京国家队集训，准备迎接1959年的世界比赛。

十月回穗，参加全国乒乓球赛前夕，在广州体院团组织加入了中国共产主义青年团，介绍人是李仁苏、梁玉海。新的政治生命给了我巨大的鼓舞，使我充满信心和力量。参加这一次比赛，结果取得了良好成绩，获男子单打冠军。

这时候距离第二十五届世界乒乓球赛只有几个月了，在团组织的教育帮助下，思想觉悟有了很大的提高，进一步认识到世界比赛任务的重要性，大大地提高了为祖国为人民争取荣誉的荣誉感和责任心，在最后迎接比赛的阶段中，全部精力完全集中在训练上，因此技术进步是明显的，信心也得到了进一步的加强。

1959年初代表国家队出席第二十五届世界乒乓球赛。这是我第一次代表国家队参加世界比赛，我的心情又兴奋，又激动。在团体赛中，由于背着怕输的思想包袱，未能取得良好成绩。团体赛的失败曾经使自己产生了动摇思想，但很快在领导和集体的帮助鼓舞下，总结了经验教训，恢复了信心和勇气，继续投入以后的单项比赛。经过了七场的艰苦奋战，终于取得男子单打冠军的称号。

回国后，受到伟大领袖毛主席的接见，以及广大群众的热烈欢迎。党对体育事业的重视和关怀，以及群众对自己的爱戴，自己深受感动。但对于这些荣誉，自己却没有以正确的态度去对待，相反觉得这是一种压力，认为今后的球更难打了，由于这样，往往在比赛中，个人主义怕输的思想表现比较严重。另外在思想深处也渐渐滋长了一定的骄傲自满情绪，表现在各方面都比较松懈，干劲不足，因此技术进步不快，成绩逐渐下降，在此后多场国内外比赛中，都没有取得良好成绩。

1960年经过了反右倾、鼓干劲运动。对于总路线、大跃进、人民公社、三面红旗，我是拥护的，但是对副食品供应紧张的问题，也有过一些模糊想法，家里也常来信提及母亲的病缺乏营养，思想很不安。想到既然是大跃进，为什么会这样紧张呢，等等。通过这次运动，自己也作了检查。批判了这些模糊想法，进一步认识到我国粮食由于受到自然灾害的影响存在着暂时性困难，但在三面红旗的光辉照耀下，工业战线上继续保持跃进，加快了社会主义建设的速度，说明党的政治路线是正确的、伟大的。

1961年代表中国队参加第二十六届世界乒乓球赛，获男子团体赛冠军，我是主力队员之一。但是单、双打项目双双失利。这是一次最高水平的竞赛，比起1959年，各国乒乓球队伍技术水平又有了很大的发展和提高。通过这次比赛的经验总结，使我深深地体会自己的风格、技术都存在不少问题。特别在比赛中还存在着比较严重的个人主义患得患失思想，这些问题今后如不努力解决，很有可能会遭到被淘汰的危险。

我虽曾为国家贡献过一点成绩，但是在二十六届的世界比赛以及最近两年来的国内外比赛中，成绩逐渐下降，深感有负党和人民对自己的期望，为了弥补这一损失，自己有决心在今后认真地、努力地克服以上缺点，提高思想，提高技术，为下一届的世界比赛创造优异的成绩而奋斗！

容国团日常生活照片

参加第 26 届世界乒乓球锦标赛总结

| 作者：容国团

一、政治思想

男子团体赛、单打的思想前前后后：

在参加比赛以前：陈总、贺总以及体委的领导人纷纷给我们作报告，自己深受感动和鼓舞，对于毛主席的伟大战略思想"在战略上藐视敌人，在战术上重视敌人"有了进一步的认识，并对于完成任务加强了信心和勇气，而对比赛的目的意义也有了进一步的明确！

这次比赛在我国举行，天时、地利、人和，都属于我们，我们参加的人数又多，条件是比任何一年都优越得多。而中国队在一两年来，技术有了很大进步，新人辈出。在多次参加国际比赛及与外国队伍进行友谊赛中，都取得了好的成绩！而我个人从第三季度训练开始，由于加强了干劲，认真对待锻炼，考虑到这些情况，当时对比赛总的来说是有信心取得胜利的！

但是在比赛前的几次练习比赛中，技术发挥都不大理想，特别是对守球，输了好几场，对即将到来的世界赛曾经引起过不安的情绪，信心也大打了折扣。

在团体分组赛中，一般来说还是比较顺利，虽然和西德的一场胜两分有些紧张，但紧跟着与捷克比赛的一场，技术发挥是较好的，我的思想情况还算比较正常。

决赛对战匈牙利，结果以 5：1 告捷，个人成绩是胜西多 2：1，负裴多菲 0：2。输给"裴"一场，有点意想不到。尤其是对他的上旋球老扣不准，这一点对于晚上对日本又直接影响应付日本上旋球的信心。因为日本掌握的上旋球比"裴"更具威胁。

与日本队最后的冠军决赛，结果以 5：3 胜。个人成绩，败给荻村 0：2，败给木村 1：2，胜星野 2：1。

所负的两场，有很大程度上是适应对方上旋球不够好而导致失败，但更重要的是当时没有建立起"最后胜利 敢于斗争"的正确思想方法。没有大胆地发挥自己主动进攻的力量，被动防守的思想超过了主动进攻的思想。

输了两场之后，当时情绪是比较低落的。信心也大受影响，究竟与星野进行第三场的比赛能否获胜，心里也是没什么把握。荣主任当时在休息室对我说："一定要敢打，敢打即胜，不敢打就输。"他的话说得很坚决，也给了我很大的启发和力量。后来得悉徐寅生战胜荻村而总分 4：3 领先时，精神大受鼓舞，想到形势对我非常有利，只要打赢这一场，全队就取得胜利了，即使输了后面还有小庄。况且星野前面也输了两场，他的信心也是很差的。这样一来，我不但不害怕，信心和勇气反而大大地增加。果然结果能超常地发挥自己的水平，总结了上两场球的失败教训，加强了主动进攻，获得最后胜利。

团体赛结束后，个人成绩虽然不理想，但情绪是十分高涨的。为的是集体的胜利。为党和全国人民，取得了荣誉。自己贡献力量虽然不大，但荣誉有自己一份。

单打对"考斯塔"一场，思想活动较多，他拿手的发球抢攻、搓攻和自己打法类似，不知他对我的搓球怎样，心里没有很大把握，估计如果对方不适应我的搓球的话，可能赢来较为顺利。相反比赛可能会出现紧张的局面。如果搓攻不利的话，即准备主动和他打推攻。另外又想到能顺利通过这一关，下半区对手较弱，甚至会遇到自己人，这样出线就没有问题了。这次领导虽没有正式宣布，谁遇见我一定要让路，但领导培养我保持冠军荣誉，这点我是体会到的。故此，想到出线后，那么蝉联冠军的希望就更大了！由于以上种种想法，自己就更觉得这场球重要了，自己认为好像只许胜利，不许失败似的，对于得失看得很重，无形之中就会给自己带来了包袱，怕输和紧张影响了技术的发挥。

两年来的思想表现：

自从 1959 年世界赛回来后，由于取得单打冠军称号，思想逐渐滋长了自满的情绪，安于现状。表现在多方面对自己的要求比较松懈。准备初期，较长的一段时间里，严重地表现出对训练不够认真负责，缺乏干劲，以及为何锻炼，想办法提高技术。个人生活也很散漫，同时开始了恋爱生活，这些思想都说明了自己在取得了一些成就后，就产生了资产阶级个人主义思想，满足于现状，进取心不强，缺乏不断革命，胜不骄，败不馁的无产阶级崇高精神。在这样的思想下在技术上也不可能得到发展和提高，所以这一段时间内技术是停止在原来的水平上。

对于党和人民对自己重视，给自己很多的荣誉，自己也没有以正确的态度去对待，相反背起思想包袱，认为党和人民对自己要求更高，球就更难打了。因此在国内不少比赛中，这个思想包袱给自己技术发挥往往带来很大的妨碍和失败。

鉴于我的思想情况，领导当时多次对我进行教育，让科长多次地找我谈话，进行了分析、教育，领导的关怀给我很大的启发和鼓励，思想有了新的认识，从最后三个月集训开始，在多方面即有了较显著的改变，精神上也振作起来，锻炼中加强了干劲和钻劲，也比较关心集体，像在业务学习、大闹技术革新运动，自己都能做到关心、支持。而这一阶段，技术也有较大进步，如主动进攻、正手打回头及削球技术等，都有一定的改进和提高。

十月与匈牙利队比赛，结果技术发挥较好，取得了全胜的成绩。这次比赛对我信心很有影响，因为我把这次比赛看作是对自己技术上一次很有价值的考验。比赛的结果为自己带来了信心和鼓励，对即将到来的世界比赛信心大大地提高了。

但总的来说，自己参加这次比赛是失败的，除去在技术上一些问题，在比赛时也未能做好"敢于胜利，敢于斗争"的思想工作。上面所谈到关于平时锻炼，在较长的一段时间内，不够刻苦认真，各方面对自己要求都较松懈。虽然在最后有所改变，但这样技术基础是不够牢固的，我认为这是失败的根源！

二、技术与战术的优缺点

运用得最好的是发球抢攻，平均得分率很高。正手发近网倒上下旋球，配合长急球，正手发的右侧旋球作用最大。

其次是搓攻，对付欧洲防守为主的选手，利用带有上旋性的搓球，到对方两角，把对方调动起来以后，容易找到机会突击，命中率较高。但遇到对手削球控制较好，转与不转距离较大时，拉球稳健性还很不够，往往在加转情况下，起杀板失误最多！

搓攻在这次比赛中对直拍很不利。因为日本正好打出他的旋转球，自己反而被动。对欧洲还是有一定的作用，对捷克，他们就很不适应我的转与不转搓球。但搓攻突击命中率还是不高，因此往往不敢积极主动突击。

接发球与木村一场中，失误最多，都是吃他的反手发侧上下旋球，落点较长，对欧洲接发球即好些。

正手打回头，及反手攻球，基本上没有发挥，日本的攻球，力量大且有旋转性，思想就认为打回头没有把握，运用意识不强。本来反手攻球为能配合在发球抢攻中，作用是很大的，但自己不够大胆运用。

过去对我国提倡的"快、狠、准、多变"的指导战术思想是不够十分重视的，特别对"快、狠"方面，认为这种打法过于凶，不够稳健。但是在这次比赛中，我们大部分队员之所以能打出水平，给外国人那么大的威胁，就是能够坚决贯彻这一正确指导战术思想。通过这次比赛，事实证明，我体会到这一技术指导的重要性。

通过这次比赛，清楚地看到自己技术上的优缺点。风格上也有很大问题。最重要的缺点是攻击力量不强，缺乏作战主动性，精神状态也不够机智灵活和生龙活虎那样气概。在掌握多样技术、战术里，所谓特长，结合我国"快、狠、准、多变"的指导战术思想来运用，不够突出和明确，这些都有待以后改革和提高的！

三、今后

通过这次比赛，乒乓球运动水平又发展到一个新阶段，欧洲从稳守的打法已经逐渐过渡到攻守全面的打法。南斯拉夫、苏联有些选手采取了全攻型的打法。日本方面，变化也很大，他们创造了一手"弧圈球"从旋转方面发展了他们的攻击，这一招他们对付欧洲，非常有优势，对我们也具有不少的威胁，像木村这种打法，我们就有较多的运动员不适应。

总之，今后世界乒乓球运动的发展趋势，估计欧洲在防守的基础上必然继续加强他们的攻球、发球等技术。日本将会在速度方面下苦功，加强主动进攻能力。世界乒乓球运动水平必然向前发展，向前提高！

中国队取得这次胜利，引起了全世界注意，他们一定会总结经验教训，寻求在下一届世界赛对付我们的有效办法。这对于我们以后保持三项冠军和争取更大的成就，无疑是增加了困难的。所以以后我们只有不断提高技术水平，才能再接再厉，继续前进。

在我个人方面也是一样，今后为党和人民作出巨大贡献，那就在今后必须努力提高自己的政治思想、技术水平，才能达到目的。

要提高技术，首先就要认真地总结这次比赛的经验教训，取长补短，改进自己的风格。在技术上来一次革新，今后自己的技术应努力朝积极、主动快速的方面发展。对付欧洲的发球抢攻，搓攻为主，配合推攻。对日本则加强主动进攻力量和速度。具体来说，对付欧洲重点还是提高搓攻战术中之搓球稳健性及突击命中率。对日本则是提高推中侧身正手攻球和正反手攻球的命中率等等。

提高思想觉悟，提高对党的事业责任感。坚持政治挂帅是提高技术的一个根本保证。我必须以此作为自己的"座右铭"，以政治思想作为自己前进的动力，认真对待锻炼工作，加强革命干劲和刻苦钻研，并与集体生活打成一片，团结一致，互助互励，为争取在 1963 年世界比赛为党和人民作出更大的贡献而努力奋斗！

女队翻身的故事*

| 作者：容国团

这次我和乒乓女队几个队员一道参加 28 届锦标赛，和她们共同经历了一段十分宝贵的战斗生活，她们为祖国荣誉，为女队翻身而苦练、而战斗的一幕一幕景象，使我十分感动，将保留在我的内心里永远不会忘怀……

徐寅生讲话以后

我开始接触这群小将，是徐寅生向女队员们讲话不久。徐寅生从他当运动员的经历出发，批评了女队存在的许多问题。还没有积累起自己成功的经验，许多地方认识不清楚，看不到问题，这也是很自然的事情。记得一位领导同志在女队干部会议上说：一个集体，最危险的就是怕找不出自己的薄弱环节。能够认识缺点，这是进步的开始。

那些日子，女队员们听到徐寅生同志的讲话和看了贺龙副总理的批示、《人民日报》编者按语后，如获至宝，一遍、两

遍、三遍地学习、讨论，讨论、学习。郑敏之经过反复咀嚼，在这篇讲话稿上划了二十三处曲线，她说："好像处处都是指着自己讲的呀！"她想来想去，觉得在训练比赛中所以存在这么多缺点，最根本的一条还是没有树立起为人民服务的思想，没有正确的人生观，只有从大的方面解决问题，训练比赛才可以搞好。她想，徐寅生同志的经验是大处着眼，小处着手，要解决根本政治方向问题，还必须从日常生活的点滴做起。

过了几天，郑敏之悄悄给领队写了一张纸条，决心认识缺点，克服缺点，争取参加团体赛。同志们听说她有自信在比赛中过硬，都非常高兴。本来27届就曾经有同志考虑过让郑敏之参加团体赛，那时候"小燕子"终究还显得年轻了一点。去年北京国际乒乓球邀请赛，她曾经3：0淘汰了关正子，从技术上看郑敏之的确具备了为女队翻身出力的条件。问题是思想要过硬！现在她自己有了信心，敢挑重担子，这的确是一桩可喜的事情。经过群众讨论，大家一致鼓励郑敏之这种自告奋勇的精神，领导上也同意了她的请求，决定把她的名字写在中国女子团体赛的报名单上。

徐寅生的讲话活学活用了毛主席思想，是毛主席思想照亮了女子队翻身的路，照亮了每个人的心灵。女队敢于拼命，大家说应该给徐寅生同志记一功。

苦练深钻的日日夜夜

"女队要革命，要敢于革命，非革命不行！"革命精神发自姑娘们内心，革命风格奔腾在训练场上。女队员们为了摘掉技术不过硬的帽子她们流了多少汗水！

梁丽珍在勤学苦练的姑娘们中，要算是最突出的一个，她身上受伤比较多，最累的时候抬腿都困难，但是步伐不灵怎么能争取女子翻身？她立志非改变这种情况不可。打球的时候，她向同伴提出来："你拼命送我左右方两大角，打得我越别扭，越好。"为了增强战力，她曾经去请教著名的举重运动员陈镜开，指导她练蹲功，练杠铃；在练习长跑的时候总要多跑几百米的侧身跑，有时候她练得实在精疲力尽了，但是，要过硬就得在这个时候坚持训练到底。她从自己的小包里掏出"身负重任"四个字的小标语牌，插在球网上，自己看看、想想，立即又鼓起了劲，于是又在球台旁生龙活虎地跑开了。

为了提高训练质量，她们想过多少办法，一张成绩登记表，记录下每天计分练习情况，那表格叫作"天天比，场场记"。为的是研究每天的训练情况。姑娘们提出每日三思：翻身大事忘了没有？党的话听了没有？发奋苦练了没有？28届参加团体赛的四个队员，除梁丽珍上届报过名（也没有打过重要场次）之外，都是初出茅庐的新手，她们没有打团体赛的经验，只好把平时的每场小比赛都当成大比赛打，从平时的比赛中培养自己独立作战的能力。有一次梁丽珍和林慧卿打比赛，一个把对手比作"亚历山德鲁"，另一个又把对手比作"深津"，而这样你一分，我一分，各不相让，直打到37∶35才决出胜负。

战术准备会上

抽签以后，运动员们主场分析情况，制定战术。关键的一仗是对罗马尼亚的复赛，因为打赢这场球才有可能与日本决赛。但是26届、27届与罗马尼亚两次交锋都是苦战五场，最后才决定胜负的。

李赫男这一届要担负这场关键球的战斗任务，她说："我们打这场球有准备，已经准备两年了。"两年来她练球的时候经常想着这场比赛。因为27届她的目光还不够远大，赢了欧洲名将高基安，自己就以为完成任务了，后来就输给了罗马尼亚队主力队员康斯坦丁内斯库。事后想起实在悔之无及。现在，她练每板球，处理各种技术战术都想着，站在自己对面的是康斯坦丁内斯库。所以她的作战方案定得最详细，写的最多；思想上作了两手准备，争取上风，准备下风。

人生能有几回搏

　　有同志担心地问，她这么多场记得住吗？能记住她说的这个答案呢？后来证明是可信的，因为她的战术方案不是凭空想出来的，而是两年训练经验的总结。4月18日，李赫男对康斯坦丁内斯库争夺团体决赛的一场战斗打得非常镇定，战术明确，发挥了良好的技术，以2：0的优势战胜了这位驰誉乒坛的老将，经受住了顽强意志的考验。

　　林慧卿和郑敏之在出发以前，两个人学习解放军，开展了一帮一一对红的活动，她们悄悄订了一个夺取这届比赛女子双打冠军的计划。练习中她们成绩的确不错，而且从1961年以来，她们已经合作几年了，有了很深的了解，历届全国比赛成绩也都是名列前茅。

　　但是国内比赛同世界比赛毕竟不同。在团体决赛一场里，她们两个以2：0战胜日本的关正子和深津，争双打冠军的希望在她俩心中就更强烈了。双打的道路曲折蜿蜒。她俩在第二局以3：2的比分战胜捷克斯洛伐克的卢佐娃和博……谁料在欧洲保持不败纪录的英国双打冠军香侬和戴安妮·罗竟被波兰两员稳守将施米特和诺夫里塔淘汰。林、郑在这种意外情况下迎战波兰选手，她俩在决胜局越战越强，以二十一比十二过了关。决赛那天，前四名中日各两对平分秋色，最后林、郑与关正子、山中争夺冠军。山中技术发挥相当好，侧身斜线连扣得分，双方各胜一局负一局。林慧卿和郑敏之保持了沉着果敢的战斗风格，互助互励顽强作战，第五局一直磨足十五分钟，二十比十九，只领先一分。郑敏之打最后一个球果断地上前快攻一板，二十一比十九赢得最后胜利。

小将李莉

在这届锦标赛上，李莉成了人们津津乐道的人物。李莉的胜利，反映了两年来小将们的成长，李莉的成功，包含了全队集体主义的智慧。

当李莉抽签碰上福尔迪妮（高基安）的时候，她的处境和27届的李赫男一模一样。能不能打？李赫男告诉她，只要把拉弧圈球的功夫练好，相信自己的技术就能通过这一关。男队的余长春，每天早晨也帮助李莉练习拉球，一一指点各种技术细节。李莉在同志们的帮助下，一次又一次地坚定信心，解放思想，终于以3∶0淘汰了这位欧洲名将。

接下去，李莉又要碰到日本主力关正子，必须继续前进。这个形势又和李赫男上届一样。李赫男告诉她说："上届就是由于缺乏雄心输给康斯坦丁内斯库的。这次你一定要敢想敢干，乘胜追击，再不要吃松劲的亏。"李莉接受了李赫男的经验，不躁不懈，果敢地以3∶0打败了关正子。

人生能有几回搏

出人意料的决赛名单

中日团体决赛，林、郑迎战关正子、深津，使世界舆论为之震惊。一惊中国居然出两员横板将，并以3：0干脆利落地击败日本队。

有人说这是冒险。是的，为了革命事业就必须敢于承担风险。所谓"无限风光在险峰"就是这个道理。经过慎重的敌我双方实力比较，这个"险"是值得去冒一冒的。

从技术上看，林慧卿27届就淘汰过关正子，两年来三胜一负，对关正子占上风。郑敏之尽管输过深津，也胜过关正子，况且对深津都是在领先情况下，由于思想准备不充分失败的。两年来，中日几度交锋，从总的比分看都是日本占优势，从局部场次看，林、郑与关正子、深津比较，则林、郑占优势。

比赛前夕日本队的著名教练长谷川先生曾经作了这样的评论："中国女子队在北京邀请赛前信心十足，但输给了日本的深津后，便失去了信心……"又说："我很注意在团体赛中中国是否让教练孙梅英出场。"认为"梁丽珍和狄蔷华很难战胜罗马尼亚队和匈牙利队……"

从他的评论看来，中国女队要过欧洲关都成问题，更不要说和日本争一日之短长。至于林慧卿和郑敏之他根本就没有想到会打团体决赛。对手把我们的实力估计得低些，对我们来说是有利的。在这种情况下，使用两块横板出场，我们认为正是出其不意，攻其无备，是夺取胜利的大好战机。

我队最后以3：0击败日本队，取得了团体赛冠军。实践证明，我们的决策是正确的。关正子和深津虽然经过一番努力，但她们到底在精神上和战术上，对比赛的困难都缺乏足够的准备。等到清醒过来，已经是大局已定了。

女队夺得两项冠军，反映了女子翻身的艰苦历程。姑娘们如果不经过活学活用毛泽东思想，用一分为二的辩证法去对待问题，不经过长年累月的勤学苦练，在这次世界比赛中，要通过那么多的严峻考验，恐怕是难以过硬的。然而，回忆起平时的汗流浃背、左右奔波、抢救险球的大运动训练的情景，那么面临这虽然是紧张剧烈的世界比赛，似乎也应该说是"万水千山只等闲"了。

关于如何打乒乓球
——对中国女子乒乓球运动员的讲话*

| 作者：徐寅生

我这几年是怎样打球的

咱们现在打球的条件很好，尤其是年轻运动员，从小就有这样好的条件，这是多么幸福。

我从小就爱打乒乓球，但是，过去没有现在这样好的训练条件，只好靠自己去看、去想、去闯。不过这也有好处，可以培养独立思考的能力。打球如果完全依靠领队、教练，也不一定能打得好。我以前看谁的哪一手好，就去学他。现在细想起来，我的技术全是从别人那里"批发"来的，有傅其芳的、也有杨瑞华的……就是现在，我还经常看，经常学别人的，谁有了什么新技术，自己心里都很清楚。

但是，只学技术，不学政治，政治不挂帅，球也打不好。过去我打球没有责任心，好像有这么一条规律：只要自己感觉别扭了，就觉得不行了，这场球就算完啦。在第 25 届世界乒乓球锦标赛中，我同美国的迈耳期（也译作"迈尔斯"，编者注）比赛。开始我领先，但第二局时对方加强了防守，我碰上了困难，打得别扭得很，

----

* 1964 年，国家乒乓球队邀请徐寅生给女队讲话。讲稿经徐寅生修改后形成《关于如何打乒乓球》一文。

技术发挥得不好，斗志就松懈了。杨瑞华作临场指导给我分析，但我根本听不进去。我说："你不要讲啦，我自己知道不行了！"当时对打球不负责任，也没有认识到这是个人主义患得患失的思想。

以后，自己慢慢懂得了为谁打球的道理，明白了运动员不应当以个人得失去考虑自己活动，而要把祖国的荣誉放在第一位。从此，心里有了斗争，感到过去的思想太不好了。怎么办？我想只有下决心改。当时领导上告诉我，克服这些缺点要从大处着眼，从小事情做起。自己就在各种具体问题上注意克服。比如练长跑，有时看看快坚持不下去了，但一想到这是为了锻炼意志，也就又坚持下来了。

1959 年的全国乒乓球锦标赛中，与过去比，我打球判若两人，成绩一直上升。好多场球都是在 0∶2 落后的情况下拿回来的，如果在过去，这些场次就不要了。从不要到要，是一个思想斗争的过程，是严格要求自己的结果。有人问，你那时候究竟是怎么想的？其实很简单，就是想拼，不想输！但这是从平时小事情上锻炼出来的。

有人问我的思想是怎么过硬的。让我谈谈第 26 届世界锦标赛男子团体决赛的例子吧。决赛的第一场，是我同日本的木村比赛，结果我输给他了。如果在过去，第一场失利了，对以后场次影响很大。那时我想，这次无论如何不能因为第一场输了而影响以后几场比赛时的情绪。第一场输下来，第二场对星野，我又以 0∶1 落后。这时候实在困难，只要自己稍微一想到"不要了"，那就非输不可。可是我决心要拼到底。于是努力争取主动，加强了进攻，最后取得了胜利。打完以后，想起来的确有点后怕。我就是这样不肯轻易地认输，最后也算过了"硬"。但是，如果没有这两年的一系列的锻炼和国内外比赛的磨练，是不可能顶得住的。有些人说平时不抓紧没有关系，到了有重要比赛时，一定会挺身而出，一定顶得下来。我觉得，如果没有思想基础，也没有平时的磨练基础，这个"顶"就不保险。25届世界锦标赛也很重要，可是到时候我就挺不出身来，坚持不下来。这就是例子。

1962年访问日本，自己也没有打好，回来第一次从荣高棠副主任口里听到"过硬"这个词。我想，过硬真是难啊！一定要有很高很高的政治觉悟！可是又想一想，过去也打硬仗，也都过来了。所以不应该害怕过硬，不要把思想过硬看得高不可攀。

第27届世界锦标赛，我是在不利情况下同日本（选手）打的。上午我输给了联邦德国的阿思特。当时我想，晚上可能让李富荣上，也可能让我上，所以思想上没有解除武装。后来领导上告诉我："晚上你打。"我说："打吧！"这是党和人民对自己的极大的信任。一个人能够鼓起最大的劲头，莫过于受到党和人民信任的时候。从26届到27届，两年来我就一直准备打这场球。1962年访问日本，在东京团体赛中我们输了。那以后我老想着东京的比赛，哪些地方吃了亏，一定要根据对手的特点，练出一套有效的技术，而且思想要过硬。拿起球拍就想起这件事，躺在床上也想着这件事。特别是荻村，在东京比赛时他的技术发挥得很好，比木村、三木难对付。我决心一定逐条逐条地破他。从破他的发球直到破他的放高球。因为这样每天留心，有目的地去练习，所以，当领导上要我出场参加决赛时，我也有比较强的信心。正是由于这些原因，决赛时也就比较顺利地获胜了。

1964年访问日本前，我的情况也不好。到了日本，第一场对抗赛中就输给日本的一名横板选手，确实影响了下面比赛的劲头。但是我想，输给横拍选手那是因为准备不够，不应该影响战胜直板选手的信心。第二场团体赛，我就坚决要上。但同小中健比赛时，因为过去没有碰过，很怕输。当时我可能比别人想得更多些。我想，假如这场球输掉，从此一蹶不振，走下坡路了，很可能我以后的整个运动生命就完了。可是自己克制了这种想法，多想的是自己的发球、推挡和怎么赢球的办法，再说，我虽然那时情况不好，信心不足，但还是感到有不少有利的地方，一取得发球权，心里总觉得还可以胜几分，对自己的反手推挡也比较有信心。结果 2∶0 赢了小中健。现在看来，多想有利条件，少想不利条件，多考虑国家利益，少考虑个人得失，可以长自己的志气。

谈雄心壮志

雄心壮志要靠平时努力。我所以取得一些成绩，并不是说我的雄心壮志就高得很。第 25 届世界乒乓球锦标赛男子双打争前三名的时候，我的心还不雄，志还不壮，我在 19∶16 领先的情况下，由于只拉不敢打，输掉了；单打又输了；在团体赛中我又不敢见困难就上。这次失败给自己的刺激很大，曾经有一段非常气馁，但又不死心，觉得别人可以打好球，我为什么不行，怎么办？既然知道这样不行，就得下决心去改，不能让自己永远不行。我这个人从小就感觉自己打球有出息，因为打起球来很灵。但你们有些人，自己就承认不是打球的“材料”，这样就没办法练成材。有人说过王志良同志不是打乒乓球的“材料”，可是他自己不这么认识，左搞右搞越搞越有信心，今天不是成了世界双打冠军了吗？如果自己也认为不是这方面的“材料”，怎么会有信心去提高，会有这样的成绩呢？

第 25 届世界锦标赛回来，领队跟我讲：你的技术有相当水平，但要达到高水平还必须跨过一步。我就一直在想着如何去跨过这一步。从第 25 届到第 26 届，经过思想斗争，思想有了提高，情况就不同了，有了胆量，敢于去闯了。26 届同匈牙利团体比赛，重要的是打赢别尔切克，这是一只“老虎”，这个任务还是交给了我。上不上呢？我想，平时思想再好，碰到事情就软，那就什么也做不成。我要做一个比较有用的人，争口气，就不能什么都怕，过去已有教训，这次不能再那样了。容国团说，人生能有几次"搏"？现在是"搏"的时候了。这种"搏"当然是要为了国家的荣誉去"搏"才有力量。所以，思想过硬就是说敢于挑担子，万一输了一场，也要顶得住，要敢于冒险。

关于信心

我们谈信心，基础是什么？是打国际比赛。如果你平时训练或比赛，打得好一点就有了信心，打得差一些又没了信心，那是没把对手搞明确。有些比赛虽然输了，但是应该有信心，因为这是为了将来而锻炼，为了将来而提高。

信心要靠平时培养，一抓住球板，就要想到自己的任务，为它做准备。我这个人行动上有些懒，但思想不懒，平时生活中的每一件事，我都要想想如何同自己的任务联系起来。看一场电影、一场戏，我都要想想如何同自己的任务联系起来。参观解放军演习，回来坐在汽车上，我就联系自己想一想。解放军是带着阶级感情练兵的，我们如何带着阶级感情打球？那就是带着为祖国争取荣誉的心去练球。就应该是"身在球场，心怀祖国"，时刻想到，乒乓球虽小，但是意义却不寻常。解放军是带着敌情观念练兵的，我们带着"敌情"观念练兵，就是说要带着和对手比赛的观念来练球，要时时想到将来国际上的对手，练了就是为了将来比赛去用。

我们学毛主席著作，也是如此，要把毛主席的话想想如何用在我们的打球上。如果嘴里讲的尽是毛主席的话，却一点不联系我们的实际，那样的人学了有什么用呢？看别人打球也是如此，看谁的东西好，就要设法把它学过来。你问我们优秀运动员每个人的技术特点，在我心里还是比较清楚的，他有了什么新东西，我也知道。

当前女运动员存在的主要问题

女运动员主要技术的过硬抓得不好。

我们可以回想一下，日本选手自从第 25 届世界锦标赛以来，都是新手一出头就出成绩。这是什么原因？关键就在于主要技术过硬。日本老手好的有用的技术他们都有，而且能过硬。这些主要技术是一两手发球、侧身和正手攻（两条斜线）球、弧圈球、防守用放高球，掌握了这些东西就足以应付外国选手。

我们的女运动员的情况是怎样呢？

发球。男运动员有很多好的发球技术，你们都没有很好地掌握。你们现有的发球技术还不足以威胁外国选手。这些好的发球技术，都是经过几年来苦心钻研总结出来的，在比赛中经得起考验的，是最有效的。但是女运动员没有下决心去掌握它，只是强调自己的特点，或者说学不会，干脆就不去练。把好东西学来，学得好，我看不能算是教条。

拉攻。男运动员拉攻战术运用很好，而女运动员的这个技术还没有过关。拉攻是我们几年来总结出来的有效的战术。有些人就不重视这个经验，没有下决心去练好拉攻。

推挡。这个技术是我国快攻打法的主要武器，你们掌握得不好。在速度上还不能占上风。近来推挡球又有更进一步的发展，但是女运动员却依然停留在原有的水平。

削球。打横板的女运动员很少进攻，打法单调。要攻一下球，似乎是天大的事情一样，所以不能很好地扰乱和调动对方。

女运动员的技术发展方向还不太明确。

究竟加强快速推挡为主呢，还是学习日本抢着单边进攻呢？看法不一。

有人将各个打法分开分析，觉得我们的哪一种打法都占便宜，可就是不赢球。我看还是坚持我们男运动员的近台快攻打法为好，虽然这样做会碰到不少困难，但是我们可以动脑筋想办法。中国运动员快攻打法多，条件比外国选手好，经常练，容易进步。

守球。女运动员守球只讲削得很低，守得稳，不讲究进攻，这样就不能扰乱对方。整天削啊削，不知道削到什么时候才算稳！要她练练攻球，就说"我还没有稳啦"，很少从主动进攻方面考虑。

训练中"敌情"观念不强。

先谈谈什么叫基础技术？以前男运动员曾经讨论过这个问题。你们理解的基本技术就是打单线。实际上，基本技术的含义很广。拉攻、拉中突击，都应该说是基本技术。把基本技术理解为单线是不对的。

练习各种基本技术，一抓住球拍就要想到国际比赛。你练正手对攻，虽然可以站在一角上，打上几百下，但是你要想一想，比赛中有没有用。如果不大有用，就得想办法用另一种方法练，要结合比赛的情况。练攻球是这样，练其他技术也是这样。

关于"敌情"观念。

我们在练习时往往练这不管那，思想上只考虑一种情况，准备一种办法。譬如，在练推挡侧身时，死练左半个球台，右方球根本不准备；练削球防守时，只想到守，不想到有机会时也要争取反攻；练推挡时，没有想到要侧身攻，只是站着不动地练；反过来，练侧身时，又每球侧身，拼命跑，而不考虑实战情况。有的守球，练接短球，事先有了准备，攻球的突击也不多，守球就不用后退很多，接短球也就容易跑得上。相反，练其他技术时，突然放一个短球，守球的反应和跑动就差了。这些都是训练中缺乏"敌情"观念。我看到报上报道解放军"硬骨头六连"练单双杠，指导员经常在战士体力不行时，要求他们坚持最后一下，即使是只撑和拉了一半，而这一半往往是进步的开始。拿它运用在我们练球上，就是说，当你练推挡的时候，能够随时抓住机会侧身，这种侧身往往比你在规定时间练侧身有效些。当然，这里并不否定规定时间、规定内容的训练，因为这还是主要的。

"敌情"观念不强，在个人训练计划的练习时间中，更加严重。有些人在帮助别人完成个人训练计划的时候，因为对方要求自己提供一种打法，一个落点，因此打起来很受限制。有的人为了照顾对方，不敢发力打，像喂球一样，难度不大，效果也不好。更谈不上敢打另外一个角，或者附带地练自己的东西。有的人说，在帮别人练习的时候，自己打起来就手软。这样，在对方计划练球的时间里自己练不到东西，一半时间也就过去了。这里有配合问题，也有修养问题。配合上是规定太死，互相迁就；修养上是对方稍微配合不好，马上就显得很不高兴。我们分析一个练习进攻的削球运动员，在人家时间内他不攻，在自己时间内最多攻上十几个球，这怎么能过得硬！有的优秀运动员每次练习都要挥臂攻球几千次。当然，打守球的以守为主，进攻为辅，要求不同，但是，也应该攻得多些才好。

讲到气量。我觉得争气就应该目标明确，要为中国人争气。有时对于别人的看法和意见，听了不舒服，要仔细想一想，人家也有正确的方面。要正视自己的缺点，不要跟自己人赌气。比方说，有些男运动员讲你们中间的一些人不动脑筋，有人就赌气，打好了给你看，好像就是为了给男运动员看看才要打好球的。你们为什么不想想有些外国人看不起我们，我们就非争口气打败他们呢。这样才是为国家的荣誉争气，争这样的气才算争对了。我有的时候也听到很不舒服的话，但是仔细想一想别人讲得有道理，就觉得应该接受。张燮林跟我开玩笑说："你就是那么个打法，我等那边盯死你。"我乍听也觉得不舒服。然而再想一想，技术上是有缺点，是他提醒了自己。不要为了一句话、一件小事、一场练习比赛的胜负，就整天气鼓鼓的。

谈谈如何学习的问题。现在女运动员们说要向男运动员学习，这很好。我觉得应该多找机会看人家打球，看到好的就去学。中国的小孩打直板的姿势为什么看上去很舒服，因为他们看得多。外国人打直板的姿势很别扭，就是因为没有样子可看。

有些人不敢学别人的东西，怕学不好，反而影响原来的技术。有些人满足于现状，虽然水平不高，也觉得马马虎虎可以过得去了，就不想再学。这是不对的。庄则栋水平已经很高了，但是也学了很多别人的东西。为了练新技术，把原来的技术放一放，当时虽然受些影响，从长远看是有利的。所以，学东西眼光要放远，从长远利益出发，至于有些人没有学得好，那是方法问题。

提起学习，有些人对有几样东西好像触电一样，碰不得。一个是旋转。一讲起旋转来大家都怕。我们说拉球要带一点上旋，女运动员说："那不是成了弧圈球？"不要你拉弧圈球，只是说带点摩擦。直拍只要不热衷于搞旋转，适当加强旋转，是完全可以的。再一个是手腕功夫。女运动员怕练手腕功，怕变了手法。第三个是所谓"非正规动作"。有一次我远台接一个弧圈球，这种球要用正规的动作打很难，我就用另一种动作，一碰就打去了，有人说就是胡闹。其实我怎么发力，接触球的哪个部位，他根本不知道。这里指的非正规动作是在位置不够、步法来不及的时候，不可能用正常的动作击球的时候，就要用另一种动作去打球，比赛和平时练习时这种球很多，如果我们什么球都只能用一种手法去打，那肯定不行。你平时不学这些发力，掌握这些要领，到时候就打不出来。

学习别人一定要先看别人的优点。我们的运动员，每人都有优点，都有特长，你如果看不到，那你就什么也学不到。我国篮球运动员胡利德说，把他们篮球队 14 个人每人的优点都学一点，就会学到十三点。有人明明知道别人有好的东西，但是强调人家水平高，很难学，也就不学，讲了很多理由，归根到底还是不学。

再谈谈训练和比赛中怎么动脑筋。

第一，练球时动脑筋不外乎从板形、击球点、发力、步法这些方面去研究，只要不违反基本规律就行了，不要用一种手法打球。如果你打一个加转球，就要知道应该接触球的哪个位置，要求拍子形成什么角度，才能接触到这个地方，还要知道手的哪个部位用力，等等。打各种不同的来球，都有不同的要求，所以当你用一种手法打球连续丢了几个球时，就应该换一换，试试改变拍形、接触点、发力。当你打着了以后，就可以想想为什么打着，两种打法就有两种体会。不然的话，老是一个动作，前一个球失误了，后一个球还是要失误的。

第二，训练中还要注意抓主要技术。不要光练自己缺点的方面，特长反而练得少了。主要技术要紧紧抓住不放，反复练习，不断熟练提高。有些人为了加强防守，反而忽视了主动进攻。有些主要技术因为在国内运用不多，就不多练，慢慢也会退步。所以主要技术要抓住不放。

第三，训练中要善于"记"，譬如碰到上旋球，球拍上有什么感觉，碰到下旋球又是什么感觉，脑子里要有一个深刻的印象，以后一碰上这种球，输了，也知道是什么原因；甚至连球上有脏东西，有汗，打的时候也能马上感觉出来。另外，把对手的打法也要记在心里，对方什么样的角度，什么样的动作，会打出什么球来。有印象，下次碰到就可以预先防备。也可以向人家学习，以后自己也可以打。

第四，要学会总结好的训练方法。自己在练习中，应当注意哪些训练方法进步快，哪些方法用处不大，好的总结再发展，不好的可以改进。对于教练布置的内容，也要想一想是否合适，在实践中发现问题，敢于提出不同的看法，以求改进提高。有些人往往对教练布置的内容不考虑效果好坏，认为都好。这样训练的方法就会停留在原来的水平上。

比赛时最重要的一条是想法子发挥自己的特点。有些人打球，只根据对方情况打，对方正手差我就打正手，反手差我就打反手，但是更主要的还应考虑发挥自己的特点。有时候用自己的特点对付对方的特长，也可以打得通。当特长运用不通时，我们必须用自己的辅助战术，或者说"特短"。同对方比赛时，自己应该有充分的信心。如果总觉得自己不行，无论用特长或"特短"都不会成功。

有时候还要通过分析对方心理，来决定战术。这样可以长自己的志气，鼓舞自己信心。比赛双方谁想得更好一些，谁就会赢球。在一次国际比赛中，当我和一个外国选手比赛时，我领先很多，但对方仍然镇静自若。当时我想，这不过是一种假象，"算啦，你别来这一套啦！"谁不会在这个时候故作镇静呢！这样我就赢下来啦。又一次比赛，碰上另外一个选手，开始自己也有些紧张，但是一看对方精神面貌很差，发球时手都在哆嗦。我想，对方比我怕得还厉害，我就觉得很镇静了。比赛时，往往是你怕对方，对方也在怕你，这是指思想。再说战术上也是如此，你怕对方侧身攻，对方却怕你变线而不敢侧身。就这样，比赛中你怕我，我怕你，怕来怕去，一个有经验，善于分析，能透过表面现象看到实质的运动员，在这种时候就能占便宜。我们要学会分析对方，运用战术，驾驭别人。

我谈的意见，请你们批判接受。

（原载 1965 年 1 月 17 日《人民日报》）

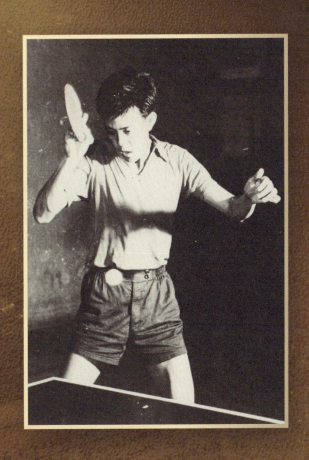

深情共追忆

亲人战友和对手
眼中真实的容国团

讲述人：黄秀珍

中国田径队原运动员、
容国团夫人
82 岁
采访时间：2021 年 8 月 17 日

为带领女队夺冠主动推迟婚期

　　与容国团相识的时候，我是广东省的田径队队员。因为运动员要参加比赛，经常都会有集训。1958 年左右，广东省举行运动会，其中有田径、球类等比赛项目。这一年，容国团在香港打败荻村伊智郎后，回内地参加广东省运动会。因为运动员观看比赛不需要门票，所以很多运动员都去看比赛。这次比赛中容国团得了单打冠军。他来参加颁奖仪式时，好多人拥过去请他签名、和他握手，这其中就有我。当时他给我的感觉是比较和气、容易接近。这么多人围着他要签名，他一个一个地签。他跟我说，他知道我是广东省的田径运动员，问我喜不喜欢打乒乓球。我说"我喜欢看，不喜欢打"，因为我根本就不会打乒乓球。这很简单的交谈，算是我们第一次认识吧。

　　容国团在训练的时候比较认真，很少开玩笑。他在训练场上的事情一般也不太跟家里人交流，即使跟他的父亲也很少提及。但是他在日常生活中很健谈，非常好相处。他喜欢音乐、文学、电影，我们很能聊到一起。他的毛笔字写得也不错，曾经在我们训练局运动队毛笔字比赛中得过奖。

他读到初中一年级就没有再系统地学习过，后来所有的知识就是靠他自己利用业余时间去学习，再运用到实践中。如果不是这样，他的技术不可能提高得这么快。他有非常好的学习习惯，看报纸、看书的时候，看到比较好的内容，就会摘录下来，或者做成剪报，或者把书抄录出来。他能够把学习得来的知识和经验转化成理论，并总结运用到自己的打球以及后来做教练的经历中。

他潜心研究球转与不转的问题。当时我们都还不知道转还是不转的球应该怎么打，他就开始自己研究，一边琢磨一边练习。他把这个技术点研究明白了，这对中国乒乓球技术的进步起到了很大的作用。这不仅值得我们学习，也非常值得现在的孩子们去学习。如果不认真学习，没有刻苦钻研的精神，是不可能取得成绩的。这一点非常重要。

他在男队当教练没多长时间，组织上就调他去当女队教练。他作了决定以后才回来告诉我们。他当女队教练，要带队参加第28届世界乒乓球锦标赛。他说，时间很紧，但是既然领导把这个任务给了我，我就要想办法把它完成，然后就提出要将我们的结婚时间往后推。当时我也是运动员，能够体会到运动员跟教练员的责任。与个人的事情相比，那肯定是比赛更重要。如果对比赛都不重视，那当运动员、教练员就没什么意义了。所以我没有意见，支持他的决定。

从那时候开始，他晚上基本上就不回来，我们很少见面了。礼拜天他们加班加点练习。他下了很大的决心，一定要尽力把队伍带好，要带领中国女子乒乓球队拿到冠军。虽然表面上不轻易表现出来，但是他很负责任，每天制订训练计划、批改队员们的训练日记，看完日记以后还很认真地去写批语，每天很晚才睡觉。

在困难时期，全国对粮票油票肉票是有规定的，大家生活上比较困难。但是国家对运动员有所照顾，基本上能保证训练需要。

"人生能有几回搏"这句话对大家有多大的影响？

像我们这一代的运动员，不会过多去考虑自己个人有什么利益，就只知道在运动队好好参加训练，去拿冠军是为国争光、为省争光、为市争光，最小的是为我学校争光，就没想过要为我自己争光，觉得这个就是自己的任务，是理所应当要做的。

何况，人一生当中能有几次机会？能去打几届世界比赛？能去夺几次世界冠军呢？你这次还不利用这机会的话，那可不就是白费了吗！

所以我们感到"人生能有几回搏"这句话，说得非常有理，对每一个人来讲都是一个鼓舞。就像我们运动员，每一次比赛，你都不去争取的话，当运动员还有什么意义呢？这句话是人生的鼓励，也是一种力量。这种精神只有中国有，只有中国人能做到这一点。

讲述人：**宋世雄**

中央电视台体育节目主持人、
体育评论员

82 岁

采访时间：2021 年 8 月 16 日

他是一个很有智慧的人

第 26 届世界乒乓球锦标赛是新中国举办的第一个世界性比赛，举世瞩目，中央人民广播电台（北京电视台）不仅报道了比赛实况，而且拍摄了很多专题片，让全国的听众来了解比赛盛况。当时我夜以继日报道比赛，收到很多听众和观众的祝贺信，他们对中国运动员在 26 届世界乒乓球锦标赛取得这样优异的成绩（男子团体冠军、男子单打冠军、女子单打冠军），感到无比欣慰，全国都沸腾了。中国运动员也因此引起了世界的关注。

男子的团体决赛是张之老师解说的，这是他从事广播电视体育评论事业的巅峰，他创造了无数的奇迹，其中包括星野对徐寅生的"十二大板"。

当时日本男子乒乓球队已经获得过五次世界冠军，实力很强，而且他们研究出了一种新的技战术弧圈球。中国为了迎接第 26 届世界乒乓球锦标赛，在这之前专门研究过弧圈球，一些中国运动员如薛伟初、胡炳权等，就专门学习弧圈球来给中国运动员做陪练。应该说在这次比赛之前，中国队对弧圈球已经有了克制的手段。

日本队的教练长谷川喜代太郎是经验丰富的专家，参加团体决赛的运动员规模庞大，是由荻村伊智郎、木村兴治、星野展弥等组成的最强阵容。中国队也派出了最强阵容，教练是傅其芳，队员是庄则栋、徐寅生和容国团。

当时的比赛规则是九盘五胜制。第一盘比赛庄则栋气势很盛，2：0赢得了"开门红"。第二盘是徐寅生对阵木村，中国队1：2输了。双方一比一平之后，第三场是容国团对阵荻村，19：21输了。第四盘一比一平……第七盘之后，中国队4：3领先。这样第八盘容国团对阵星野的比赛就成为关键。第三局时，容国团20：18领先，这时候星野就跟他对峙，打了六七个回合，容国团一点一点地打，最后星野一个抽球出界，容国团还没反应过来，中国队就以5：3获得了这场胜利。

容国团是一个很有智慧的人。他打球有两个秘诀，一个是搓球，一个是发球。1964年担任了中国女子乒乓球队的教练后，就更展现出他的睿智了。1965年，在第28届世界乒乓球锦标赛，他就率领中国乒乓球队获得了女子团体的冠军。当时中国队上场的是梁丽珍、李赫男、林慧卿和郑敏之。梁丽珍和李赫男在半决赛里战胜了罗马尼亚著名选手亚历山德鲁和康斯坦丁内斯库，冲进了决赛。决赛中，容国团出奇兵，由林慧卿和郑敏之对阵日本队员深津尚子和关正子，以3：0赢得了胜利。

有一次喝咖啡聊天时，他跟我讲，一定要百花齐放，要多种风格，不光是打近台快攻。他不仅为中国乒乓球的近台快攻立下了汗马功劳，更重要的是他的思维和理想追求，是中国体育界的一

个"定海神针"。"人生能有几回搏"这句话不光是讲乒乓球，而且
是中国体育界拼搏思想的基础。体育是竞技项目。贯穿其中的是两
强相遇勇者胜、知己知彼百战百胜、以己之长克己之短等一系列思
想，这其中最重要的一点就是要有勇敢顽强的精神。要拼搏，你比
我强，我不怕；你领先，我不怕；输了，我也不怕。中国运动员之
所以能在世界体坛取得优异的成绩，基点就是拼搏精神，这是中国
运动员的本能和气质。

中国运动员都把容国团的这句话当成座右铭来约束、激励自己，
主要是因为容国团的一生就是拼搏、奋斗的写照，他意志坚强，把
自己最大的能量表现了出来，展现了中国人的风格，我觉得这正是
容国团的可贵之处。

讲述人：**熊　明**

中国第一批建筑设计大师、
北京工人体育馆设计师
90 岁
采访时间：2021 年 8 月 15 日

容国团的拼搏精神对我是很大的鼓舞

　　1956 年，我从清华大学建筑系研究生毕业。1957 年，在北京建院通过院内的设计竞赛取得了北京工人体育馆的设计权。后来容国团在这里拿到了单打世界冠军。这是新中国的第一个世界冠军，对国人是极大的鼓舞。

　　北京工人体育馆是国内第一个最大的圆形体育馆，我毕业后第一个任务就承担这么重大的建筑设计，是很心虚的，但是领导信任我、鼓励我，特别派了资深的建筑师来帮助我，我也就秉着容国团的"人生能有几回搏"的精神拼搏。每天加班到晚上 10 点，身体非常累，但是精神非常兴奋。圆形体育馆最困难的地方是屋顶的结构。直径将近 100 米的屋顶，用钢量很大，而且用钢量越大，也就越重，形成了一个恶性循环。我翻遍了世界建筑杂志，看到 1957 年比利时布鲁塞尔博览会美国馆。它是一个悬索结构。我觉得用悬索不错。当即向丰台桥梁厂请教如何做悬索，我们自己也研究。建筑师相当于乐队的指挥兼首席小提琴手。当时我不但要完成建筑设计的任务，还要协调采暖、通风、给排水、照明、动力等各个专业，工作中的确有很多困难。当时副市长兼纪委主任王纯是建设委员会的主任，每天晚上开会抓进度、抓设备、抓材料。秉着"人生能有几回搏"的精神，我就住在工地，和工人同吃、同住、同劳动。项目终于在比赛前半个月完成了。

那个时候汽车不多，但是举办第26届世界乒乓球锦标赛时，汽车居然一直排到农展馆去了。军队、市民、妇女团体、学校等，来的人非常多。现场欢呼拍掌的声音把解说员宋世雄扩音器的声音都淹没了。每胜一个球，观众就鼓掌。球员要停一会儿，等掌声停了才能继续打。所以不但是我非常高兴、非常自豪，全国人民都非常自豪。国际乒联是当时新中国参加的第一个国际体育组织，第26届世界乒乓球锦标赛是新中国成立之后第一次举办的世界比赛，中国队又获得了这么好的成绩，全国人民高兴得不得了。

容国团的拼搏精神，不但是在乒乓球界、体育界影响很大，对我、对设计院的设计员都是很大的鼓舞。北京工人体育馆的建成就体现了容国团说的"人生能有几回搏"的精神，为了这么重大的国际比赛、为了国家交给的重大任务，我们绝对要拼搏，绝对要保证完成任务。

讲述人：**庄家富**

国家级教练、
中国乒乓球协会原副主席
88 岁
采访时间：2021 年 8 月 17 日

"敢想、敢说、敢做"

20 世纪 50 年代，国家号召年轻人"敢想、敢说、敢做"，容国团本来就有志向，想拿世界冠军，国家这么一号召，他就更"敢想"。事实证明，干什么事如果不敢想，是不可能去做的。那时候还有人说风凉话，说容国团吹牛皮，如果到时候拿不了，你怎么收场？而一年以后，容国团确实做到了（拿了世界冠军）。

1959 年第 25 届世界乒乓球锦标赛，容国团当时的教练傅其芳由于一些原因没去现场，所以我是临场指挥。在其中一场对阵迈尔斯的比赛中，徐寅生、李富荣都输了。容国团上场对阵第一局也输了。我就对容国团说，迈尔斯比较稳，你拉攻打不死他，扣球也扣不死，你是不是改用搓攻跟他打？搓球（我们叫"小球"）是容国团一种独特的打法，他的搓球和一般人不一样，旋转变化多，有的转、有的不转，有的球搓得比较重，有的球搓不转。我们的想法不谋而合。后面的比赛中，迈尔斯一打削球就需要离开球台，而容国团用搓球进攻，球路短，不出台，迈尔斯就时常接不到。由此中国队在连输了两局后，先是迎来 2：2，最后战成 5：3 胜。

我们告诉容国团，打乒乓球，不是光靠手打，还要靠"心"打。球打完了心里马上"过电影"：这个球怎么输的、怎么赢的，下面怎么改变。这样才能够一分一分打好球。

容国团做到了。他脑子很聪明，打球时能够根据对手的情况和自己在场上的表现及时作出改变，战术灵活多变，而且不管在什么情况下都能沉着应战。

容国团说，人生能有几回搏。此时不搏，更待何时！这句话引申出来的敢打敢拼的拼搏精神，不仅是体育界，实际上对各行各业都有影响。这句话现在流传很广，每个人在遇到困难的时候，拼了、搏了，也就有了战胜困难的可能。

讲述人：**郑敏之**

国家级教练、
中国乒乓球协会原副主席
76 岁
采访时间：2021 年 8 月 19 日

加油，现在是搏的时候了

1961 年，我还是中国女队的小队员。容指导（容国团）拿了 1959 年世乒赛男子单打冠军后，大家看他自然都是一种敬佩的眼光。他给我的第一印象是沉稳、幽默，两只眼睛炯炯有神。我听大队员们讲，他喜欢听音乐，爱看书，也跳交谊舞。有的队员礼拜天能看到他，总是西装笔挺，打领带，皮鞋擦得锃亮。那就知道，他肯定是要出去或去看电影。

那个时候，我们难得和他说话，偶尔会在食堂碰见。有一次，正好他训练完到东郊工人体育场食堂，我们擦身而过的时候，他悄悄说了一句"小燕子穿花衣"。因为小队员都有外号，梁丽珍外号"小王英"，"小燕子"是我的外号。我不知道说什么，就笑了笑。因为当时他还没当我们教练，我也不知道叫"容指导"好呢还是"容大哥"好。

　　后来就听说他要来当女队主帅。这时候我们正在冲刺第 28 届世乒赛并准备要夺取冠军，听说是容国团来当教练，我心里非常高兴。他是一个久经沙场的优秀运动员和教练，有在不利的情况下搏杀出来的经验，我们很信任他，也很期盼。

　　成为教练后，容国团跟梁丽珍、李赫男、林慧卿和我四个队员讲，实际上，你们已经达到了世界冠军的水平，关键就看你们敢不敢去夺取、去冲刺。他对我说，郑敏之，你要抓好你的特长，你的特长是守球。看上去被动，但是你的守球是带有进攻性的。日本队怕你就怕这个地方。你不要反攻，你的削球就代表了反攻。听他这么一说，我很有底气。

　　事实也的确如此。我的守球看似在防守，但是我的削球是蛮凶的，临场上也有控制和反控制能力。

　　在冲刺迎战的最后阶段，容国团对我们四个人不再说什么弥补短板了，主要抓精气神、抓我们的特长、抓战术当中的一些组合。

　　他目标很清楚，也很有谋略。梁丽珍、李赫男的任务主要是打欧洲队。我和林慧卿的主要任务是在决赛打日本队。根据赛程，开始是由李赫男、梁丽珍上阵，我除了在对阵打苏联队的时候配了一个双打，就不再露面了。给日本队造成了一种错觉，可能是李赫男、梁丽珍、林慧卿上场。这个安排对我是很大的考验。两年多的时间里，我很少参加国际比赛，经常是在酝酿、培养自己。那么在决赛中怎么进入角色？我脑子中有目标，在训练当中都是带着"敌情"，按参加大赛的感觉去接触球。其他队员在赛场拼搏的时候，我坐在场上一边给他们加油，一边酝酿自己的角色，去学会排除各种干扰，让思维集中。

　　决赛那天我印象非常深刻。打团体赛前我们都做好思想准备了，不管是打第几场，都应该勇敢上。容国团教练抓签回来后，走到我跟前说："小燕子，你打第一场，对关正子，"又握紧我的手，"加油，现在是搏的时候了"。就是这么几句话，很沉着。我就静静地说"我知道了"。其实，我为了这场球已经准备了好久，现在是我搏的时候了。

因为我很少在赛场露面，所以我一上来，日本队是惊讶的。我和关正子打决赛第一战，说我不紧张是假的。比赛之前挑球，在我拿着球时，手是发颤的。尽管没感觉自己在发抖，但我尽量暗示自己、控制自己。无意当中我看到关正子也在挑球，而她的手抖得比我还厉害！原来她也紧张。她这一紧张，我一下镇定了。第一场，观众很沉稳，现场声音基本上就是乒乒乓乓。我的思维高度集中了。

我和林慧卿2：0领先的时候，我们无意当中握手，都说要把2：0当0：0打。因为容国团跟我们讲过，要当0：0打，从零开始，这对我们非常重要。世界冠军就是要有过硬的思想。我跟关正子对阵的时候，做好了各种准备，精神上不管怎么样艰难，最后也得要把你"搏"下来。

比赛中，我在自己手心上写着"勇敢、镇定、果断、坚持就是胜利、一定要赢"这几个字。每次捡球的时候，看到自己手心上的字，情绪很快镇定，不受每一分得失的干扰。

容国团的"挂帅"是女队胜利的关键。他说，我来女队的目的很清楚，就是夺取世界冠军、夺取世界女子团体冠军。他是我们中国乒乓球事业走向辉煌的领路人。他有一句名言，人生能有几回搏。此时不搏，更待何时！这句话非常具有时代精神和生命力。个人的生命是短暂的。我们怎么抓住有生之年，实现自己对祖国、为人生的价值？容国团做到了。当下这个时代需要容国团这样的人，需要传承他的这种精神。

讲述人：**蔡明枢**

国家级教练、
广东省乒乓球协会原副主席
83 岁
采访时间：2021 年 8 月 6 日

拿三个第一不是侥幸

1953 年至 1954 年，容国团代表香港来内地参加比赛，我们经常有来往。最初，他的水平并不是很高，但进步很快，1957 年他到广州以后，我再跟他打基本上就赢不了了。

他的性格特点是比较沉静、不爱讲话，对技术上的考虑比我们要多。发球、搓球，经过他琢磨以后，水平比我们提高了一个档次。容国团敢想敢干，有雄心壮志，他高调说"我要拿世界冠军"，是因为他已有了一定的基础。在打赢了欧洲队、日本队后，他心里很有把握了。

为了增强自己的力量，容国团开动脑筋训练，经常练哑铃。开始他身体较差，我们训练要两三个钟头，他训练一个钟头左右就要休息，但是他的训练质量更高，后来水平慢慢提高。

在备战第 26 届世乒赛时，主力队员有一批是专门陪练的，被称为"108将"。他们有的攻克单打、有的攻克双打，各种打法都有，百花齐放。"108将"对中国队总体水平提升起了很大作用，他们不是每个人都能够参加世界比赛，而是主要通过模仿欧洲队、日本队的打法，训练主力队员。比如日本队发明的弧圈球，当时中国没看见过，没有人会打这种球，怎么办？就安排庄家富到香港的比赛去观摩，从他回来汇报的情况模仿怎么打弧圈球，又找了几个人（胡秉权、薛伟初、廖文亭、余长春等）学习拉弧圈球。这样慢慢学会以后，再陪主力队员训练。所以在比赛中中国队员就能够适应这种打法。

第26届世乒赛男团决赛时，容国团前面输了两分。第八场，容国团出场对阵星野展弥的那场球很关键，他在战术上是下了功夫的。星野展弥前面输过两场，心理也有压力，想赢这场球。结果容国团控制住场面以后，发挥自己的进攻能力，压对方两边，然后再进攻，把对方的单边打乱了，最后赢了这场球。容国团平时打球不兴奋，但这场球赢下来，他跳了起来、跑了起来，说明他很兴奋、很重视、很高兴。

容国团能够拿三个第一不是侥幸。"人生能有几回搏"的理念，在他的事业中是最重要的一点。如果说容国团没有雄心壮志，没有敢打敢拼、敢于开动脑筋的精神，他不可能有那么高的水平。

成为女队教练后，他更是用功，开动脑筋。面对日本队、欧洲队这两大劲敌，我们怎么打？用攻球对日本不好打，反而削球有机会；欧洲呢，应该用攻球去打。那时候他就选了两个削球队员、两个攻球队员。他对每个人的情况都了如指掌，有什么问题他也清楚，所以他选的人，大家都比较认同。最后他成功带领中国女队拿下了世界冠军。

讲述人：**胡克明**

广东省乒乓球队原教练、
中国乒乓球队原运动员
81 岁
采访时间：2021 年 8 月 6 日

在任何情况下，他都觉得自己可以

我和容国团是在香港队和广东队比赛中相识。具体哪一天我记不清楚了，但是确实认识时间比较久。

1956 年前后，我们年纪比较小，打乒乓球水平也低。直到后来水平提高了，才有机会代表广州市和香港队比赛。

那个时代，除了打球，我们没有更多的话题。聊天的内容大多数都是打球，比如刚才你发这个球应该怎么接，打平的时候应该怎样办等等。容国团性格好，容易接近，他在香港的时候，有更多机会和欧洲队比赛。比赛结束回来，他会跟我们谈一谈比赛的精彩片段。

容国团回到内地在广州疗养训练，因为还没完全康复，组织上给予他特别照顾，他一边休养，一边训练。因为这时候他运动量不能很大，所以大多数时候都练习发球，后来他发球的转与不转就特别厉害。空闲时他爱钻研，喜欢研究一些发球技术。他对自己充满信心，1958 年在誓师大会上就说了"三年之内夺取世界冠军"的誓言。当时世界水平什么样我们都是懵懂的，因此我的心里也有点"这个家伙爱吹牛"的想法。现在回过头来看，我们是懵懂，可是容国团不懵懂，因为他曾经跟世界冠军交手，并且赢了荻村，所以够胆说这句话。

容国团的技术和他每次比赛发挥出来的水平，都让我们意外。他不怯场，比赛规模越大，他就越认真，发挥得也更好。他很冷静，我认识他这么多年，没见过他患得患失的样子。我们有的时候先输了两局，总怀疑自己是不是不行了，觉得没发挥好，由此失去了信心。而容国团总是鼓励自己，在任何情况下，都觉得自己可以，输了这一场，就准备下一场。

在第 26 届世乒赛，我们打出了好成绩，这不是某一个人的功劳，是全队的功劳，也是全国的功劳。是全国人民提供的最优质的服务和保障，才让我们取得了那么好的成绩。

别厉害。空闲时他爱钻研，喜欢研究一些发球技术。他对自己充满信心，1958 年在誓师大会上就说了"三年之内夺取世界冠军"的誓言。当时世界水平什么样我们都是懵懂的，因此我的心里也有点"这个家伙爱吹牛"的想法。现在回过头来看，我们是懵懂，可是容国团不懵懂，因为他曾经跟世界冠军交手，并且赢了荻村，所以够胆说这句话。

容国团的技术和他每次比赛发挥出来的水平，都让我们意外。他不怯场，比赛规模越大，他就越认真，发挥得也更好。他很冷静，我认识他这么多年，没见过他患得患失的样子。我们有的时候先输了两局，总怀疑自己是不是不行了，觉得没发挥好，由此失去了信心。而容国团总是鼓励自己，在任何情况下，都觉得自己可以，输了这一场，就准备下一场。

在第 26 届世乒赛，我们打出了好成绩，这不是某一个人的功劳，是全队的功劳，也是全国的功劳。是全国人民提供的最优质的服务和保障，才让我们取得了那么好的成绩。

讲述人：**区盛联**

广东省乒乓球队原教练、
中国乒乓球队原运动员
78 岁
采访时间：2021 年 8 月 6 日

要么不做，要做就做到最好

　　1965 年，容国团临危受命，到女队当主教练。那个时候他就马上想起我了，所以组织上通过调令调我去当陪练。我主要是模仿日本队的打法，去陪主力练习，比如深津尚子和关正子，她们怎么发球、怎么攻球。容国团指导队员很细致，重点教怎么练、怎么打，他也能从宏观上考虑比赛时候应该怎么办的问题。

　　在女队参加第 28 届世乒赛前，容国团提出了一个方案，征求当时主教练梁卓辉的意见。"我准备在团体赛中，用两个削球对日本队、两个攻球对欧洲队，这个方案怎么样？"梁卓辉说"好"。这是一个大胆的设想。就是用的这个方案，最后还真打赢了。中国两个攻球队员对欧洲队，两个削球队员"雪藏"，对阵日本队时出奇兵。他们一看是郑敏之、林慧卿，这怎么打？所以中国队在心理上就赢了一大半。

容国团训练队员一般不爱说话，他一边看队员训练，一边在旁边思考，开会的时候分析得很透彻，通过会议慢慢总结，引导队员自己去发现问题、解决问题，队员都很佩服他，整个女队也比较团结。他坐在教练位置上，队员上场心就定了：世界冠军做我的后盾，场上的变化他能掌握，我有什么问题他可以帮我，这个心情完全不一样。世乒赛的排兵布阵不仅是容国团多年的积累，同时也有赖于集体的力量。整个队都在为女队打翻身仗作出努力。所以，容国团也受益于整个团体。

容国团给我的印象就是，要么不做，要做就做到最好。1958年，他提出来"三年要拿世界冠军"，因为他的想法就是，我回来就是为了打球、为了拿世界冠军，所以他喊出这个誓言。这比一般人喊出来更具有现实意义。

他的爱好不太多，训练完了以后回来就休息，有时候心情好了就喝茶、喝咖啡，礼拜五就想看看电影。

讲述人：**张五常**

中国香港，经济学家

容国团少年好友

86 岁

采访时间：2021 年 8 月 24 日

容国团是音乐天才

20 世纪 50 年代初期的香港，没有高楼大厦，汽车都很少，小朋友可以在街边玩耍，踢毽子、打乒乓球……好多是自己想出来的玩法。分析能力就这样训练出来，想象力也培养出来了。世界上聪明的人很多，但是像容国团这样的，十个人里差不多才有一个。

我发现容国团是音乐天才，是一次偶然的机会。那次我请他看电影《乐府春秋》。看完之后，我们坐电车回去。他在电车里将电影里的配乐一路唱了出来。我问他以前听过吗？他说没听过，就是看完电影后唱出来的。这是很让人惊奇的事情。

我的哥哥是音乐天才，喜欢古典音乐，琴弹得很好。我介绍他们认识后，我哥哥播放黑胶唱片给他听，几乎听一次，他就能唱出来。我哥哥很欣赏他。容国团有天分，手指灵活，听力也好，他如果学音乐，应该有大成就的。

　　和容国团一起玩的两三年的时间，让我有了更好的想象力。如果我当年不出来和容国团玩，不会有今天的学识成就。

　　他打乒乓球，起初是我教他，但一段时间之后他就开始赢了。他教会我开板发球，我就凭这招在加拿大拿了不少冠军。

　　容国团曾先后在渔市场、湾仔工会图书馆等地方打球。在工会图书馆里有张乒乓球台，他一个人在那里练习发球，一个动作里球会有几种不同的旋转，这个是他思考出来的。1957年4月，日本乒乓球队到香港访问。容国团在比赛中打赢了日本名将、两届世界冠军荻村伊智郎。赛后我和他在更衣室聊天，那年的乒乓球埠际锦标赛，他是香港的冠军，但是那年的亚洲赛却没选他去参赛。我和一些朋友都劝他回内地，到那里才有机会参加世界比赛。也就是在那时候，他决定回内地的。分别前，他送了一张球拍给我。

　　1959年8月，我去看电影，片头播放了他赢西多最后一分的镜头，我立刻走回家去，整晚兴奋得睡不着，我真心替他感到高兴。

讲述人：**源锡藩**

中国香港，
容国团少年时乒乓球友
88 岁
采访时间：2021 年 7 月 2 日

跟容国团一起打过乒乓球，
不知有多精彩

1946 年前后，我在读书的时候就已经开始学习打乒乓球。在香港培英中学，就是现在巴丙顿道那里，有一块空地，那个地方很小，没有球场，仅有一张球桌。经过长期日晒雨淋，那张球桌已经没有了原来的模样，却是学生们打乒乓球的乐土。球桌甚至不能称之为球桌，它连球网都没有，只能找两块砖头砌，或者用木棍支，最主要的是，我们连球拍都没有，就用木板、三夹板或者生胶板代替。容国团打球的球拍是带长柄的，条件非常简陋。

当时打乒乓球并不流行，我记忆中，那时候的乒乓球只有两种，蓝盾和红盾，用两个半圆形的球体粘在一起，中间有一条边。年轻人打球容易发怒，一发怒，就一拍将球打到地上，球就裂了。我们学打球都是从"滴滴波"开始练起。"滴滴波"就是你开球过来、我打过去，一种很简单的打法。

1947年，我去喇沙小学读书。小学有几百名学生，但只有一张球桌。那时大家相对重视足球、打橄榄球、田径运动，打乒乓球的人很少。1949年，喇沙小学被征用成了医院，我们就搬去了巴富街。巴富街当时也有一张球桌，这张球桌终于有网了。

我在喇沙上学的时候有个同班同学，叫邓鸿坡，我们经常一起打球。他后来与容国团同一球队。因为只有一张球桌，我们很少吃午饭，中午12：30一放学，就立即去占据那张球桌开始打球。那时候的球拍稍微好一点，不用木板了，开始用上了邓禄普橡胶板。

1952年左右，香港来了一队英国的世界冠军在修顿球场比赛，有李奇（Johnny Leach）和他的搭档伯格曼。香港队派出薛绪初、傅其芳两个人，他们在当时的香港很有名气。

修顿球场其实是一个篮球场，因为乒乓球不能有风，风会吹到球，球场设了一个卡位阻隔风浪。两队采取二人对抗方式比赛，即单打之后中间就来一个双打。这次球赛很精彩，最后香港队胜出，一下子就引发了乒乓球高潮。

1952年，我已经参加过初级赛、友谊赛，当时球队有十队左右，每队三至五个人，不用后备，五个对五个，非常简单。我记得非常清楚，就是这段时间里，我曾经和容国团打过一场友谊赛。球赛的地点在东买。这是个卖猪肉、鱼肉的地方，比较有名气的球队"朱有栏""朱宝"，还有几个学校如英皇、金文泰、皇仁、喇沙等都参加了。

容国团个子高，很瘦削，那时还没有什么名气，但是我觉得他的球打过来的压力、重量，比邓鸿坡更凶。球技很厉害，但是没有邓鸿坡打得刁钻。他很少言谈，我们都没有跟他谈话，就是打完球后，大家握手，话也没多说一句。

大约两年后，我和他在修顿场馆打高级赛，很幸运地打成平分。但他的球技，比起两年前我和他第一次对打时是截然不同，他正手的球技，有一球令我很诧异，速度很快，力度很大，就是离开球桌，贴边下去，从斜角、侧角打过去，那个速度快如闪电，球在我面前落下，我整个人都愕然了。我从未见过一个球，来得如此急速，简直令我措手不及。所以到今天依然记得，被他重重扣杀。

1954年左右，日本的世界冠军佐藤来到了香港。他的到来，让香港的乒乓球拍有了一个大的进步，大家开始使用带海绵板的球拍。20世纪50年代，香港乒乓球员开始慢慢有点名气，但乒乓球还不是很普及。从薛绪初、傅其芳与郑国荣、戴树荣等打第一场球开始，媒体有了宣传，人们开始对乒乓球产生兴趣。到与李奇和伯格曼比赛的时候，引起了高潮。球拍、球桌的使用也有了很大的进步，练球的人逐渐多了起来。到1955年，球队开始盛行。

容国团从1954年左右开始打高级比赛，邓鸿坡和容国团就是从那时开始经常在一起打球。香港乒乓球运动员"十杰"中有薛绪初、傅其芳、姜永宁、容国团等。容国团后来的教练就是傅其芳。容国团在"十杰"的排名不及薛绪初、傅其芳，当时还不是最顶尖的人物。

刘锡晃的球法和容国团很合拍，因为刘锡晃用推挡，容国团就用扣杀。容国团最拿手的球技也是让观众看得最有兴趣、最投入的，就是打攻球。最初用的那招叫吊吊杀，吊着那个球，然后一下重板打下去。

1957年，容国团和荻村对阵的那场球赛，我和同学一起去现场看的比赛。当时没有想过香港队能赢，觉得外国人的球技会更高一点。但比赛结果令我们眼前一亮。当容国团击败荻村的时候，我们非常高兴，也出乎意料。在比赛的最后一场，容国团领先 16 比 11（或 12），最后的五球都是容国团发球。他能够在领先的情况下，最后五球狂力劈杀，整个人雄心万丈，球球到位。全场观众反应热烈。这场比赛打出了高水平，也为容国团日后取得世界冠军奠定了基石。

容国团能够在回到祖国内地之后的短短一年间拿下世界冠军，除了球技，还有一个关键因素就是信念。这个成就是国家给予他莫大的信心、莫大的鼓励，是中国人民给予他的一个信念，是一个牢不可破的坚强的信念。

容国团后来成为世界冠军，我们得知后非常高兴。后来再遇到打乒乓球的朋友，我就会说，我也跟容国团一起打过两次乒乓球，不知有多精彩。

如今我已经 88 岁了。我觉得，人生每一日、每一个机会，我们有多少可以把握到呢？相信并不多。容国团喊出"人生能有几回搏"的豪言壮语，给我的感想就是，人生难得碰上机会，碰到了就必须牢牢把握，能搏就搏。

假如我还有机会与容国团见面，我相信我一句话都说不出来，大家抱头痛哭，欢乐一场。在欢乐团圆之下，是一切尽在不言中。

讲述人：**余润兴**

中国香港，香港乒乓总会会长
时为容国团队友
88 岁
采访时间：2021 年 7 月 12 日

他有远见和领导才能

年轻人在读书的时候，最喜欢的就是运动，容国团喜欢打乒乓球，我也喜欢打乒乓球，两个人又很聊得来，就这样，我们俩就认识了。

容国团很聪明，我跟他打球，也是有胜有负。有一次香港举办的学界乒乓球赛，我们都参加了，同时参赛的还有一位叫邓鸿坡的选手。最后，邓鸿坡拿了学界冠军，我拿了学界亚军，容国团是学界季军。但是一年后，香港举办全港乒乓球赛，容国团就拿了冠军。仅用一年的时间就从学界季军冲上全港冠军，这是非常不简单的。

我和容国团曾经是队友，在我的眼里，他很聪明，而且很有领导才能，有一次，容国团、邓鸿坡、吴国海和我四人受邀到内地比赛，容国团是队长。其中有一场团体赛，只能三个人出赛。三个人中没有我，我当时心里就想，大家实力差不多，为什么我不能打？容国团就跟我说，不是啊，余润兴。你打这场球赛不太适合，因为有一个是横板（指有队友擅长横板打法），所以这场球赛你不要打。虽然我当时不高兴，但是我仍然能够感受得到他有天分，结果是我们香港队胜出了。这证明容国团是有远见的，具有领导才能。

最初认识容国团，觉得他身体瘦弱，不是很强壮。他球技好，但是学界比赛那次，他是季军而我是亚军，现在想起来都很开心。容国团在香港乒乓球锦标赛后声名鹊起。当时说他遭到了香港乒总嫉恨，我现在以乒乓总会会长的身份说，香港乒乓总会对容国团从来都没有嫉恨，只是赞扬他为香港争光。香港乒乓总会成立有几十年的历史了，从来没有批评谁不好。我可以以会长身份证明没有此事。

容国团打球技术是很全面的，他一般是直握球拍，但是他变化多，每次打球，当你找到他的弱点后，他打两下便收起那个弱点，所以想要胜过他并不容易。胜过他一场球赛是很开心的事。

1957年9月京港澳友谊赛中，容国团击败国家队冠军王传耀那场比赛，当时候我在现场，觉得好厉害啊！王传耀是全国冠军，容国团胜了他以后，整个团队都非常兴奋。打球这件事，关键就在刹那间，谁掌握到那个重点谁就胜。容国团战术好，又勇敢，他能够胜出也是实至名归的。

容国团对战荻村的比赛，是在荻村刚刚拿了世界冠军到访香港时举行的。这是千载难逢的机会，而且还有我们的队友参赛，很多人观看了这场比赛。结果容国团胜了，这是一件很奇妙的事情。一个年轻人居然打赢了世界冠军，全香港的人一下子很振奋。那时候，容国团的技术优势已经表露出来了，但是他身体单薄。直到后来回到内地，他主要就是训练体能。体能提升以后，他再去参加国际大赛，最终成为新中国第一个乒乓球世界冠军。这是最值得我骄傲的事情。

20世纪五六十年代，香港的体育运动还不发达，那时候足球运动最旺盛，打乒乓球让人感觉像是游戏。容国团能够和世界冠军打球，并且赢了比赛，从此乒乓球运动就开始在香港蓬勃发展起来了。同时容国团、邓鸿坡等很多前辈，也在香港青少年心中种下了运动的种子。时至今日，乒乓球已经成为一个非常普及的运动。

容国团后来决定要返回内地发展。第一是因为他聪明，他的志向不止于打胜荻村，不止于在香港取胜这样的成就；第二就是因为他的体能必须要加强，那时候他打两三个小时的球就开始感到很累；第三是因为内地人才多，有利于他的发展。

容国团回到内地以后，我们时常联络，聊聊家常和球赛之类的话题。他获得了非凡的成就，而我能够有这样的队友，自己都觉得很骄傲、很自豪。正如他所说，人生能有几回搏。他鼓励大家尽量去提升自己，从失败中思考，去寻求为何会失败的原因，然后再去进步。他就是这样做的。容国团很有斗志，我崇拜他。如果有机会能够再看到容国团，我一定要告诉他，我非常欣赏他的人生哲学。他的哲学是拼搏，是争取胜利的一种精神。人生能有几回搏！

讲述人：**邓锦华**

中国香港，
容国团少年时邻居
94 岁
采访时间：2021 年 6 月 26 日

从看球逐步成长为冠军

我和戴树荣打球，有时候球飞到很远，容国团在旁边看到就会走过去拾回来。我们就这样认识了。有时候我们两人有一个人走开，容国团就走过来打几个球，这样慢慢就熟稔。他可以说是天才，没有人教他打球。刚开始和我对打，他是败给我。后来就有胜有负，最后我就打不过他了。戴树荣当年很厉害，但是到后面，他和戴树荣不分伯仲，甚至于连戴树荣都赢不了他了。

讲述人：**尹广霖**

中国香港，
容国团少年时乒乓球友
84 岁
采访时间：2021 年 6 月 26 日

一辈子都谨记他的这句话

　　我认识容国团时他当时应该十五六岁，最爱打乒乓球，经常到我们工会来练习。当时工会在大荣华 4 楼，有两张球桌。他为人十分随和，不摆架子，教我们打乒乓球不多说话，都只讲与乒乓球有关的事。他的绝招一个是"吊吊球"，另一个是左右开弓。他取得世界冠军的那场比赛中，对战匈牙利名将西多，就是把球打向对手的两边角落。打乒乓球桌的两角，对方比较难接球，但这也是很难的，所以需要经常练习。

　　容国团真的很喜欢打乒乓球，可以从早打到晚。没有地方就找地方打，没有人他就和自己打。他在东区打球时有一次比赛中打赢澳门冠军后，媒体报道中称他"东区小霸王"。这不是他自己说的，他为人谦虚，不会自夸的。

　　我跟他学习打乒乓球前后大概两年时间。我们都是 1937 年出生，我打工，他也打工，两个人比较聊得来。我很感谢他的教导，一辈子都谨记他的这句话，人生能有几回搏。他鼓励我们年轻人努力学习、工作，这句话在很多方面都适用。

讲述人：**木村兴治**

国际乒联原副主席、
日本乒协原主席
81 岁
采访时间：2021 年 6 月 9 日

一个不容遗忘的人物

我知道容国团的名字，大概是在上大学的时候。1959 年，第 25 届世界乒乓球锦标赛在德国举行，日本队的男女团体、男女双打、混合双打和女子单打中获得了 6 枚金牌，但是容国团获得了男子单打冠军。在那之前，日本队在乒乓球全部项目中一直独占鳌头。所以当看到中国选手获得了男子单打冠军，我感到非常惊讶。

我热爱乒乓球，进入大学后开始努力练习。大学二、三年级的时候，我被选为参加在北京举办的第 26 届世界乒乓球锦标赛的代表。进入国家队的感觉就像做梦一样，我期待在赛场挑战自己。因为日本男子队此前在团体赛中常胜，所以这次参加北京世锦赛，大家都觉得男子队也必须要赢。当年我 20 岁，年少轻狂，也想把自己练习过的所有技巧毫无保留地使出来。

到了北京后，我热切感受到市民们对乒乓球的热情。他们对中国运动员寄予厚望，报纸上出现了很多中国选手的照片，其中就包括容国团。

当时日本发明的弧圈球具有极大影响，由此诞生了长谷川信彦等世界冠军。弧圈球是指打球时拉出一条弧线，击中的瞬间球的速度加快，迅速进入对方的球场，它可以将低球变为力量球。太田选手在比赛中使用了弧圈球打法，令当时欧洲的队员几乎无法招架。

但是中国选手不害怕弧圈球。

在第26届世锦赛之前，日本对中国乒乓球一无所知。我们到达北京之后，只能在练习场上窥探他们的打法。在刚刚落成的北京工人体育馆，我们一边练习，一边观察外国选手的情况。中国选手在训练场上采用了不同的技术和战术，展现了多种多样的打法，这些技术和欧洲、日本的都不一样。队员们进行了很多练习，为世锦赛作了充足准备。

容国团是一个非常正统的乒乓球运动员，球技非常厉害。虽然他不是一位全能型选手，打出的球也并非速度极快，但是整体失误极少。他是新中国的第一位世界冠军，能与他对战对我来说极其幸运。在比赛中，他的表情丝毫没有变化，我想他应该是一边考虑着如何加强进攻，一边进行比赛吧。那个时候，一个老前辈告诉我们绝对不能输给这样的选手，我对自己充满了信心，认为不断移动并打出带旋转的力量球，采取这个策略就可以打败对手。所以当我们以5∶3落败时，日本男子团体冠军的战绩被打破，我感觉也受到了一些小小的打击。之所以说这是小打击，是因为每一场比赛都有胜负，而且对手太优秀了，所以即使失败了也不必悲伤或烦躁。换一个角度来看，有机会和优秀的选手进行对战，这是一件幸福的事情。

从1954年伦敦奥运会开始到1961年，日本乒乓球男子选手一直保持着不败的战绩，在世界团体赛中保持六连胜。所以 1961 年日本男子队输给中国队，这对世界来说是巨大的冲击。中国的乒乓球选手们向我们展现了全新的风貌。

乒乓球比赛项目中不但融合了技术与战术，而且体现了精神力量。所谓的精神力量，就是在 20：20 的情况下，仍然相信自己可以赢得这场比赛，并且为实现成功而奋力拼搏。只有陷入那样的境地，我们才会体会所谓的精神力量。

总之，在中国乒乓球界，容国团是一个不容遗忘的人物。

讲述人：**汉斯·威廉·盖布**

原联邦德国乒乓球队运动员

85 岁

采访时间：2021 年 6 月 17 日

穿着长裤打球的世界冠军

　　1959 年在多特蒙德举行的世界乒乓球锦标赛上，中国就已经进入了半决赛。很明显，中国队正在进步，变得越来越强。所以我们预料到了中国队属于最好的那个梯队，最强的三四个队之一，但是我们不认为中国队的实力足以击败日本，因为当时的日本队实力很强。我们也从没想过，中国人会在个人比赛中成为世界冠军。

　　当时的匈牙利队在几年前就已经是世界级的水平了，是最被看好的球队之一，西多·费伦茨是王级选手，当时的状态也很好，这支球队中还有像别尔切克那样的非常厉害的年轻球员。但是最被看好的还是日本队。

　　比赛中，西多用的是以前那种带有胶粒的胶皮球拍，也就是单面橡胶拍，他试图防守容国团的进攻球，并用他既霸道又厉害的反手球干扰中国对手，但是容国团摧毁了他的战术。

　　容国团当时给我留下了很深的印象，他是一个非常有控制力和自控力的运动员，反应非常快，你的快动作几乎不会让他出乎意料，而且他的精神力量非常强大。当时令我们感到惊讶的是，他居然穿着长裤打球。

　　当时的中国对我们来说是非常陌生的，而匈牙利人则是我们的欧洲朋友。大厅里的大多数观众当然也都更熟悉和喜爱西多，我也以为西多能赢，但容国团的表现非常棒。

　　接下来几年的情况是，中国队逐步成为了乒乓球界的第一名。德国曾经在乒乓球甲级联赛中有很多中国球员，他们的水平属于这项运动的第一梯队。我们也有过中国教练，直到今天我们的国家队教练中也有中国人，因此，德国乒乓球与中国之间的联系一直非常紧密，非常真挚和友好。

讲述人：**埃里希·阿恩特**

原联邦德国乒乓球队运动员
83 岁
采访时间：2021 年 6 月 17 日

中国队水平高超我们无法企及

我是在 1959 年认识容国团的。在当年的世锦赛上，两个国家队有团体赛，我在第一场比赛中就是和容国团交手，我输掉了这场比赛，他实力比我强。我当时对他的印象是，他是一个很强的球员，但当时我没想到他能成为世界冠军。我在 1959 年的世锦赛上，看到了中国选手的实力、中国队的成长，他们对我来说是无法战胜的。

在 1963 年的世锦赛上中国队展现出了高超的水平，对当时的我们来说是无法企及的。当时匈牙利队是欧洲顶级甚至可以说是世界级的球队，西多和别尔切克对我们来说都是非常强的球员。我们非常走运地战胜了匈牙利队后遇到了中国队，双方在半决赛中交了手。中国队派出了庄则栋、李富荣和徐寅生。我在第一场对阵徐寅生的比赛中拿到了第一分，当时还挺轰动的。虽然我们没有最终获胜的机会，但是能拿到第一分还是很棒。

讲述人: **拉斯莱·皮涅茨基**

匈牙利乒乓球队原运动员
84 岁
采访时间: 2021 年 6 月 10 日

为决赛做好了充分的准备

1959 年前后，匈牙利队是欧洲霸主，中国队在此前一年还曾在匈牙利的一处训练基地进行训练。他们学习能力很强，在这届世乒赛上获得了团体第三名。尽管在团体比赛中中国队以 5∶3 输给了匈牙利队，但是容国团以 3∶1 战胜了西多。

在单打决赛中，西多赢下了第一局。但是，此前西多在对阵当时世界排名第一的荻村伊智郎的比赛中消耗过大，况且他那时 36 岁了，在决赛之后几局中，面对年轻的中国选手，西多开始力不从心，容国团逐渐占据上风。输了第一局之后，容国团调整策略，改变了比赛走势，最终为中华人民共和国夺得了第一枚金牌。

由于容国团不管是在精神上还是身体上都为决赛做好了充分的准备，西多则无法发挥出最佳状态，尽管他知道这可能是一场艰苦的胜利，紧张和疲劳造成了他与对手在力量和速度上的巨大差异，西多无法克服这些困难。

容国团的握拍方式很特别，速度很快，比西多速度快。他身材高大魁梧，个头将近 1.9 米，能更好地运用速度优势。西多无法施展自己高超的技巧和冠绝欧洲的反手技术，因此无法取得优势。看过这次比赛就会发现，不仅是夺得奖牌的队员，所有的中国队员在比赛中都不断精进。

在第 26 届世乒赛举办前，日本组织了一场邀请赛，邀请匈牙利两位最好的球员以及南斯拉夫两位最好的球员（大都是削球手），去体验一项新技术，这也是日本队的新"武器"——弧圈球。日本发明了弧圈球，想用欧洲球员来实验它的威力。弧圈球变化很多，别尔切克是当时欧洲最好的削球手，但在面对弧圈球时，有时能接住，有时接不住。回到匈牙利以后，由于没有视频录像，他们口述了当时在日本参加比赛的情况，此后匈牙利队也开始练习弧圈球技术。弧圈球不久后就在欧洲发展成一项重要的"武器"，因为我们改良了弧圈球技术，将它发展为反手弧圈技术。

在 1961 年举办的 26 届世乒赛男团比赛上，不出所料，中国队取得了巨大进步，许多并未参加上届多特蒙德世乒赛的球员涌现出来，比如庄则栋、李富荣和徐寅生。中国队"统治"了这届赛事，容国团也是其中一员。中国女队紧跟男队，进步飞快。她们逐渐处于领先地位，成为这个项目里的"世界级强队"。尽管当时她们偶尔会失利，但是随着时间推移，她们赢的越来越多。20 世纪 60 年代，我曾在一些集训营地中看到过中国队是如何进行训练的。任何其他国家都无法跟中国的训练体系相提并论。

讲述人：**君特·安让特**

德国乒乓球收藏家

75 岁

采访时间：2021 年 6 月 16 日

他应该非常自豪为祖国赢得了第一个世界冠军

我从 1950 年开始打乒乓球，后来就对乒乓球历史感兴趣。1986年，我第一次认识了中国球员，他就是徐寅生。我从他那里拿到了签名，这也开启了我的收藏。

我收藏的很多物件都与中国乒乓球运动员有关，这其中就有与新中国体育界第一位世界冠军容国团相关的。我并没有特别了解过他的个人故事，只知道他是在香港出生的，经历过各种曲折后，最终回到了中国内地。1957 年在斯德哥尔摩世锦赛回程途中，瑞典国家队组织了一场友谊赛，容国团击败了当时的世界冠军荻村。1959年，他加入了国家队，赢得了他的第一个全国冠军。然而在 1959年的世锦赛团体赛中，他的表现并不是最好的。他在团体赛中输了

3 场，其中两场是决赛时对阵匈牙利输的，另外一场则是不可思议地输给了德国选手、也是全国冠军的康尼·弗罗因多夫。因此人们认为其他球员才是夺冠热门选手，谁也没想到他会成为世界冠军。

在决赛中，容国团遇到了乒乓球老将、来自匈牙利的西多·费伦茨。西多当时已经名声赫赫，1953 年在布加勒斯特举行的世锦赛上曾三度获得世界冠军。西多虽然体重重、很胖，但却非常敏捷，他之前在团体赛决赛中击败了容国团，因此在个人决赛时再次成了夺冠热门人选。这场比赛的第一局，容国团以 2 分惜败，但随后他就在教练的指导下改变了战术，开始调动西多左右奔跑、前扑后撤，同时发挥自己的正手优势，最后成功以 3：1 击败了这位来自匈牙利的夺冠热门选手。比赛结束后，他礼貌地鞠躬，向观众挥手。但是，当教练和队友来迎接他时，他突然开始泪流满面。他应该非常自豪自己为祖国赢得了第一个世界冠军。

他是一个在战术上非常聪明的人，而且能够很快适应情况的变化。大家原本以为西多能很好地适应容国团战术上的变化，结果恰恰相反。西多的正手、反手都打得非常好，容国团在第一局对阵中失败后很快改变了战术，一上来就打短球，导致西多无法进攻。

中国乒乓球队首次参加了 1953 年在布加勒斯特举行的第 20 届世乒赛。这可以算是去学习的，因为中国队当时的成绩还不是很好，但是受到了关注，他们是非常有礼貌的对手。我的朋友伯恩哈德·沃塞拜当年作为德国选手参赛，他有一个签名簿，整个中国队的队员都在他的签名簿上签了名，他在两年前将这本签名簿送给了我，在这上面他们还写下了希望德中两国人民友谊长存的愿望。

1956 年、1957 年，中国队在球队中排名第三，进步如此之大，以至于我们在谈论热门夺冠选手时没法不想起他们。从 1957 年起，国际乒联决定每两年举办一次世锦赛，下一届世锦赛于 1959 年在多特蒙德举行。在当时的世锦赛整体上几乎被日本人包揽的背景下，容国团把最重要的冠军头衔从他们手中夺走，让人惊叹。1961年，在中国加入国际乒联9年后，在时任国际乒联主席伊沃·蒙塔古的坚持下，中国拿到了世锦赛的组织权。参赛者到了北京后瞪大了双眼，以为他们在中国看到了1959年的多特蒙德威斯特法伦体育馆！这一年，中国队赢得了男团、男单和女单世界冠军，在赛场上成为了日本人最大的竞争对手。

1961年世锦赛上，开幕式和闭幕式的演出都令人印象深刻，当时北京发行的所有纪念品我几乎都有：赛程表、画报、文件袋、吉祥物以及各种各样的胸针等。我和很多参加过当年比赛的运动员聊过，他们在说到在中国比赛的时候特别兴奋，这对他们来说是一种非常特别的体验。

镜头内外皆是
"人生能有几回搏"

孙莲莲

2022年1月3日、4日22:00，由中央广播电视总台出品、讲述新中国第一位世界冠军容国团和中国乒乓球队勇夺三块金牌传奇故事的纪录片《人生能有几回搏》，在总台央视科教频道播出，呼应着北京2022年冬奥会开幕倒计时一个月的重要时间节点，在中国冰雪健儿厉兵秣马、剑指冬奥的火热备战氛围中，为观众带来满满的正能量。

容国团——新中国第一位世界冠军，一句"人生能有几回搏"的呐喊，激励了一代又一代中国体育健儿在赛场上不畏强手、永不言败、奋力拼搏、为国争光，穿越一个甲子，传遍大江南北，成为无数中国人笃信笃行的励志名言。

纪录片《人生能有几回搏》创作历时3年，搜集整理历史照片4000余张、文字资料超百万字，拍摄4K超高清素材约3700分钟，挖掘整理影像素材约5000分钟……首次在电视节目中亮相的容国团自传手稿、采访录音以及大量珍贵的历史影像，串起散落的时光碎片，带领观众重返历史"现场"；少年玩伴、昔日战友、大赛对手……数十位亲历者的倾情讲述，生动再现了容国团拼搏奋进的人生历程。

据不完全统计，截至 1 月 4 日 23:00，该片完整版和各类宣推链接在全网点击量超过 200 万次。各网络平台反响强烈，网友留言非常励志：

"容国团好样的！"

"为中国人争光的容国团！为中华民族拼搏的优秀代表！"

"'人生能有几回搏'，经典就是经典。几十年过去了，喊出来还是很燃！致敬前辈！"

"人生几十年，真正拼搏的时间不多。尤其是青少年要珍惜青春年华，为自己的明天，为祖国的强盛努力拼搏。大众青年都拼搏干事创业，富强的中华就会屹立于世界的东方。"

2019 年 12 月 11 日，总导演闫东带领创作组成员在珠海瞻仰容国团雕像，图中所捧的证书为纪录电影《港珠澳大桥》所获中宣部 "五个一" 工程奖

让该片总制片人、总导演闫东用一句话形容创作感受，他快人快语："就是这部片子的片名——《人生能有几回搏》"。回忆创作缘起，他感慨道："想一想，做这部纪录片，就像命中注定似的，于我的初心而言，已经分不清是对纪录片的爱，还是对乒乓球的爱了……"

只是因为在人群中多看了你一眼

广东珠海，有着"花园城市"的美誉，山清水秀，如诗如画。2014年至2019年，为创作纪录电影《港珠澳大桥》及同名电视纪录片，总导演闫东曾20余次到这里考察、调研、采访、拍摄。

一个普通的冬日早上，餐后消食，他信步闲游，走着走着，一座现代化的体育场馆映入眼帘——珠海市体育中心。跟着早起锻炼的市民，走上一个缓坡，一座塑像坐北朝南，映入眼帘。那是一个帅气而挺拔的青年，手捧鲜花和奖杯，微笑着望向前方，眼神澄净而明亮，如同冬日里的暖阳。视线相撞的瞬间，童年记忆就这样猝不及防涌上心头，一个闪光的名字在闫东脑海里浮现——容国团。

容国团——新中国第一位世界冠军，也是闫东少年时的偶像。"我从小是一个乒乓球爱好者，喜欢打球，最好成绩打到过丰台区小学第六名，一度爸爸曾经很认真地跟我聊天，问我是想走专业的路，还是业余的路……"童年的记忆瞬间涌上心头。

那时候父亲的单位订报，闫东最喜欢的报纸是《参考消息》。"因为我总能在报纸里找到关于体育赛事的报道和评论，尤其是乒乓球方面的，哪怕只是豆腐块大小的一小块文字，也能让我开心好久。"20世纪六七十年代，一份《参考消息》为年少的闫东打开了一扇认识、感受世界的窗口，也让他早早爱上了乒乓球，"我对乒乓球赛事和运动员的名字如数家珍"，这里面当然少不了容国团，他的那句"人生能有几回搏"的名言，也曾被端端正正地抄写在笔记本上，成为不断激励自己前进的动力。

容国团是广东珠海人，这座塑像是他去世多年后，1987年9月16日家乡人民为怀念他而立。闫东与容国团雕像的这一次偶遇，仿佛是容国团拼搏精神对他的呼唤，唤醒的不仅是他的童年记忆，更是一个资深纪录片导演的职业敏感，令他萌生了以容国团为主人公创作一部纪录片的想法。"他是体育界第一个让我们中华民族扬眉吐气的人。我心中的英雄气，一定要借助他这样一个英雄来表达。"

2014年至2019年，正是纪录片《港珠澳大桥》的攻坚阶段。作为总导演，难免遇到创作瓶颈。每次到珠海工作，闫东常会一个人到容国团塑像前静静地站上一会儿，这里已成为他放空自己、释放心理压力、重新整理思绪的地方。

纪录片《港珠澳大桥》中的主要人物是大桥建设中岛隧工程项目的总工程师林鸣，影片讲述的是以林鸣为代表的四万多中国桥梁建设者砥砺奋进的故事。而他们那种改天换地的英雄气概、"敢为天下先"的创新精神、攻坚克难的拼搏意志和艰苦卓绝的奋斗历程，又何尝不是一种"人生能有几回搏"？塑像无言，却默默传递着一种精神的指引，"他让我安静，让我沉思，给予我力量"。

2019年10月，中央广播电视总台社教节目中心与中共珠海市委宣传部、珠海传媒集团有限责任公司确定联合摄制纪录片《容国团》。这是继《港珠澳大桥》之后，多方优秀创作力量再度集结联手打造的重点项目。2019年12月11日，作为总制片人、总导演的他特意带上了纪录片《容国团》的核心成员，来到容国团塑像前，他说："我们要以高标准、高水平，把该项目打造成有现实指导意义、真正有影响力的片子。"

位于珠海市体育中心的容国团雕像

天生好故事，让我们激动得发抖

2022年1月，当纪录片《人生能有几回搏》在央视热播，在无数网友的热情留言中，有一条来自珠海文史专家何志毅的女儿何绮婷，她这样写道："父亲搜集容国团的资料，时隔10年后才开始撰写第一本传记。还记得每一个版本定稿后，他都会走到屋外，向着明月长舒一口气。父亲一直期待着，除了撰写传记之外，能提供这些素材融进影视创作，继续传承容国团的拼搏精神。终于，等到了2022年的央视纪录片，我们都非常高兴！"

时光回溯到两年前，2020年3月，总导演闫东通过线上沟通的方式，率领创作组拜访了容国团传记的作者何志毅。大量珍贵的照片、采访录音和文字资料，"一座资料富矿"就这样展现在大家面前。932张照片、11小时录音素材，让创作组兴奋不已。何志毅先生还慷慨提供了一份名单，成为纪录片里亲历者采访得以"按图索骥"的重要依据。总导演闫东号召创作组每一个成员，要以何志毅一般的"工匠精神"扎进创作里,"他在写书过程中,跟这么多当事人有交往,付出了这么多辛苦和感情。我们一定要把他的东西移情过来,提升它的价值,这样才是对他最好的报答。"闫东多年的合作伙伴及好友,珠海传媒集团副总编辑陈晓军、总编辑助理常立波、该片执行总导演林卫旗和李凯纷纷表示:这个典型人物是非常有时代意义的,精神是可以传承的,我们也要本着"人生能有几回搏"的精神去完成一部精品佳作。

何志毅先生的书,闫东反复阅读了许多遍,常常被书中的细节打动。"我相信面对好故事,人们是有共鸣的。"在闫东看来,容国

何志毅收藏的容国团照片集

团和他"人生能有几回搏"的励志呐喊，就是一个天生的好故事，让人热血沸腾，"英雄主义精神、爱国主义情怀，穿越时空，历久弥新。它早已超越对体育精神的诠释，那是对人生的深刻理解。这种传奇的人生，足以让我们这些创作者激动得发抖。"

在一遍一遍的阅读之中，总导演闫东和创作组定下了这部纪录片的主要创作思路：以容国团经历的三次重要赛事、三个冠军、三个"首次"，构成纪录片的三部曲。

第一部曲：1959年4月5日，在原联邦德国多特蒙德举办的第25届世乒赛上，年轻的容国团顽强拼搏，夺得男子单打冠军，为我国实现了在世界性体育大赛中获得冠军"零的突破"。这是容国团的成名之战，也是中国体育走向世界的揭幕之战。

第二部曲，1961年4月9日，在中国北京举办的第26届世乒赛上，容国团与队友合作，为我国首次夺得乒乓球男子团体世界冠军。这是中国乒乓力量的崛起之战，"人生能有几回搏"的励志名言，就是在这次比赛上喊出的。

第三部曲，1965年4月19日，在（前）南斯拉夫卢布尔雅那举办的第28届世乒赛上，担任女队教练的容国团，带领队员夺得新中国第一个女子团体世界冠军。这是中国乒乓的登顶之战。

"乒乓成为'国球'，是从这三战奠基的，中国乒乓的初心与灵魂，是在这三战中形成的。在这部片子里，我们要赋予这三战以更深刻的寓意，要站在历史景深中去看待它们。"闫东说。

2020年4月5日，闫东召集创作组所有成员通过视频的方式在线上开会，他说："这一天，我们一定要进行这样一次交流。"因为61年前的这一天，21岁的容国团为新中国捧回第一座世界冠军奖杯。"这样一次交流，不仅是对容国团的缅怀和致敬，也是一个有意义的、加足马力的创作起点。"

深度共情，点燃创作激情和灵感

"我们今天为什么拍这部纪录片？给谁看呢？给青年人看。"闫东始终记得年逾九旬仍充满激情的该片艺术指导、著名纪录片导演陈光忠说过的这句话。

"现在的年轻人可能知道容国团的很少，尤其是'00后'。他们可能知道马龙、陈梦、孙颖莎等乒乓球运动员，却不一定知道容国团。这些年轻一辈运动员在气质上跟前辈完全不一样，但骨子里都继承了容国团'人生能有几回搏'的精神。没有一个世界冠军是白给的。他们都是拼出来的，在冠军之路上布满了血泪汗水、伤痕病痛。"

让闫东印象深刻的是，"容国团第一次拿世界冠军的时候，只有21岁，很年轻，现在这个年纪，可能大学还没毕业。但容国团没有上过大学，甚至因为家境窘迫，13岁时不得不辍学，去一家渔行当了童工。他就是靠自己的智慧，靠自己的拼搏，践行了'三年之内夺取世界冠军'的誓言。从这一点上来说，年轻人就有共鸣。"

在闫东的创作团队里，有不少年轻导演，闫东很喜欢听他们分享自己对容国团的理解和感受，他们每有所得，闫东都会为之高兴。在他看来，所谓导演工作，就是要"不断感受你的拍摄对象，在内心不断地与他对话"。

他要求每一位主创必须对容国团生平和中国乒乓球发展史如数家珍，必须把容国团的精神吃透，走进容国团的内心世界去感受他、理解他。"创作者必须要有共情的能力，要与人物同呼吸、共心跳，要能设身处地去理解他的选择。"

闫东眼中的容国团外表清秀，内心却很爷们儿。"这是一个内心有力量的人，也是一个有大智慧的人。第一部曲：男单冠军。进入半决赛时，队友们都被淘汰，只剩下容国团一个人。在背水一战的情况下，他独挑大梁，孤军奋战，以顽强意志，稳扎稳打，一步一步取得了胜利，正可谓步步惊心。第二部曲：男团冠军。他失利在前，在极为被动的局面下，与日本队展开争夺，最终拿下了关键一局的最后一分，为中国队赢得冠军。这里边当然有容国团超强的心理素质、坚忍不拔的意志、关键时刻能够挺得住的大将风范，但也有队友、团队、领导的信任，过程自然也是起伏跌宕。第三部曲，贺龙副总理'点将'，容国团成为女乒的主教练，带领姑娘们夺得女团冠军。这个过程也充满智慧与勇气，'画龙点睛'的战术出奇制胜，让人也跟着捏了一把汗。"

三个冠军、三个比赛故事，不是简单重复，而是环环相扣，悬念迭起。"这里有丰富的故事细节，这种细节是有力量的，是能够重重击中人心的。我们讲这些故事，要把细节烂熟到好像自己就是当事人或者目击者，好像自己亲身经历过一样。只有这样才能进入创作状态，才可以产生创作的激情和灵感，否则就是对这个好题材的糟蹋。"

2021 年 7 月 2 日，香港有线电视摄制团队，拍摄容国团的少年时乒乓球友源锡藩

2021 年 8 月 16 日，摄制组在工人体育馆采访中央电视台体育节目主持人宋世雄

"国球"背后，还有更深层次的东西

在规划三部曲结构的同时，闫东也一直在思考，乒乓球何以成为我们的"国球"？"为什么'国球'不是足球、篮球、排球或者其他的球？我觉得，说它是'国球'，不仅因为中国在这个项目上获得了多少冠军，应该还有更深层次的东西。"

体育是一个国家精神的映射，它反映的是一个国家的经济、政治、文化、历史和科技。体育强则中国强，国运兴则体育兴。从历史的景深看容国团人生中最重要的三个"第一"，"男单冠军，是英雄主义的胜利，'遍地英雄下夕烟'的时代是新中国成立 10 周年的豪迈与朝气。男团冠军，是集体主义的胜利，背后是新中国体育制度的胜利。女团冠军，不仅标志着中国乒乓球运动的全面开花，更宣告了中国乒乓的整体实力。"三场大战、三个故事，既符合故事逻辑，又符合哲学逻辑，由点到线、由线到面，开启了中国乒乓事业的史诗性篇章。

"如果审视中国乒乓，你会惊喜地发现，中国乒乓不仅有虎气、有霸气，也是有灵气、有思想的。乒乓是体育，当然与体魄相关，但更与头脑和思想相关，乒乓球极大地开发了中国人的潜能和优势。我始终认为，它与中国人的文化基因、性格特点、处世哲学有着很深的关系，它是潜藏在中国人灵魂深处的一项运动。"

容国团从小身子骨瘦弱，没有人教他打球，就靠自己琢磨。他的童年，是日寇侵略下的屈辱，是贫穷、辍学带来的伤痛。就是这样一个人，带着满满的家国情怀，从香港回到内地，在新生的中国获得了施展才华的机会，书写了报效祖国、为国争光的耀眼华章。

我们从容国团的故事里，看到的是中国乒乓球运动的崛起，是新中国体育事业的发展，是体育强国的美好愿景，是实现中华民族

2021 年 2 月 1 日，摄制组在珠海拍摄新时代乒乓少年

伟大复兴的中国梦。新中国成立 70 多年来，包括体育在内的各项
事业有了翻天覆地的变化，成就辉煌，硕果累累，都源于几代人的
不懈奋斗、顽强拼搏。"人生能有几回搏"已经超越体育范畴，铭
刻进中国人的精神深处，成为一代代中华儿女血液里永不停息、永
不衰竭的精神动力。

在闫东看来，有的主题是永恒的，拼搏奋斗精神就是其中之一。
"容国团'人生能有几回搏'的精神，是中国人的，也是全人类的。
我们这个片子，要见历史、见世界、见时代、见精神！"

以"人生能有几回搏"精神投入创作

"要敢拼、要创新！要努力打造精品！"2020年6月，总导演闫东为纪录片《容国团》的创作确定了精品目标。他说："这部片子，既是闫东的品牌，也是大家的创造。我们会一起登上一条创作的大船，开启一段美好的航程，一起去感受一段经历——'人生能有几回搏'。我希望在创作过程中，大家相互感染、相互影响，营造一个高质量的创作氛围，让这个集体成为一个锻造纪录片人才的'熔炉'。""我希望，并且相信，这段航程是幸福的、有收获的。"作为总制片人、总导演，他始终用心竭力地给大家把稳舵，鼓足劲儿。

2020年9月25日，经过两年的调研和精心筹备，纪录片《容国团》全面启动制作。闫东带领创作组来到北京万安公墓容国团墓前祭扫。"容国团是一个有血性、有情怀的人，我们也要在创作中切实激发自身的血性和情怀！"

2020年9月27日，中秋节前夕，闫东率领核心主创拜访容国团夫人黄秀珍

闫东鼓励大家一定要把采访做扎实，要注重细节的挖掘。"真正打动人的，是细节中埋藏的人类普遍情感。"正如陈光忠所说，"这部片子要用事实说话、用情感说话、用人物说话。它不是概念化、脸谱化的，而是人性化、生活化、个性化的。"

在随后的前期拍摄中，亲历者采访的工作稳步有序铺开。庄家富、郑敏之等体坛名宿和容国团生前好友、容国团传记作者何志毅，著名体育节目主持人宋世雄，年逾九旬的中国第一批建筑设计大师熊明等先后接受了采访。创作组还在中央广播电视总台音像资料馆搜集到荣高棠、徐寅生、李富荣、邱钟惠、梁丽珍等人物的口述采访历史影像资料。

2020年9月27日，中秋节前夕，闫东率领核心主创拜访容国团夫人黄秀珍，表示节日的问候，希望影片制作能得到她的帮助与支持，黄秀珍欣然应允。黄秀珍老师曾经是中国田径队队员，她和容国团都是运动员，彼此了解，也可以说是知音。本来他们已经定下婚期，但容国团担任女乒主教练后，为了打好女乒翻身仗，为了不影响工作，他们把婚期推迟了。

2020年12月，片名确定由《容国团》改为《人生能有几回搏》。陈光忠评价，这个片名"改得好"，"在思想和艺术上的表达可以更加厚实，更加开放，更加广阔。"

闫东说，这是主题上一个提升和飞跃，表示这部纪录片不是仅止于回顾历史、简单再现一个历史人物的命运起伏，而是将以人物作为载体和切入口，继续开拓创新，将"搏"字展开，呈现中华民族的拼搏精神。

创作讨论会上，大家都很兴奋，思路大开，火花不断。撰稿王甫说："乒乓球对中国人来说，不单是一个球、一个体育项目，它是那个时代对健康、对胜利、对国运、对信心的一种符号。"撰稿张艺宰说："我们正在勾连时代故事，呈现拼搏精神的传承。"撰稿黄莉说："体育要为中华民族伟大复兴提供凝心聚力的强大精神力量。"

闫东再次强调，要以容国团"人生能有几回搏"的精神投入创作。时不我待，倒排工期，扎扎实实开展工作，"要排除一切干扰，按时完成任务，创作人员必须要有担当精神！"

回到原先纯粹、清晰的道路上来

纪录片《人生能有几回搏》播出后，德国乒乓球收藏家君特·安让特感叹："我为片中能够呈现 1959 年到 1965 年间丰富的乒乓球历史影像感到震惊。"

纪录片的生命力在于真实。尊重历史一直是创作遵循的首要原则。该片执行总导演吴胜利、导演刘惠介绍，2020 年 10 月至 12 月期间，创作组多次进入央视音像资料馆、中央新影集团、国家图书馆等机构，同时查询百代影像档案、香港图片世界、德国联邦档案馆、美联社、路透社、纽约时报等机构网站，搜集了大量有关容国团、中国乒乓球队等的 20 世纪五六十年代影像资料。

丰富的珍贵历史资料，奠定了纪录片《人生能有几回搏》鲜明的纪实风格。陈光忠提出，要用好这些资料。"第 26 届世乒赛在北京工人体育馆举行，拿下男团冠军那一刻，在现场的人是怎样的表现，凑在黑白电视机前看比赛的人是怎样的表现，把这些场内和场外的部分勾连在一起，氛围营造足，片子就比较生动了。现在乒乓球队的训练场地都比较现代化，与当时肯定不一样，可以通过对比让观众看到，尽管运动员所在的环境不一样，但他们的状态是一样的，就是拼搏拿冠军。一直以来，在赛场上升国旗、奏国歌是每一个中国运动员的渴望，这样片子就有深度，有厚重感。"

2021年6月10日，欧洲记者站记者徐明采访匈牙利乒乓球运动员拉斯莱·皮涅茨基

2021年6月16日，欧洲记者站记者阮佳闻采访德国收藏家君特·安让特

2021年6月9日，亚太记者站记者李卫兵采访日本乒协原主席木村兴治

　　2021年上半年，创作组克服全球新冠肺炎疫情影响，实现在多地区的线下采访。通过总台欧洲总站、亚太总站，完成在德国、匈牙利、日本等国的拍摄并采访到多位乒乓界人士。同时，邀请香港有线电视的摄制团队参与拍摄，完成了容国团在香港生活期间的发小、好友等一系列人物访谈。总导演闫东强调，这部纪录片的创作，要跟国际奥林匹克精神契合，要有国际化视野、国际化表达。

　　2021年6月，随着中国共产党100岁生日一天天临近，闫东领衔的中央广播电视总台重中之重的"大片"、庆祝中国共产党成立100周年大型文献专题片《敢教日月换新天》进入最后冲刺的关键阶段。就在分秒必争之时，闫东总导演还特别邀请了国家广播电视总局重大题材办的专家，帮助审看了纪录片《人生能有几回搏》的脚本，各位专家都提出了非常好的意见。

2018 年 8 月 4 日，陈光忠（中）、刘效礼（左）、闫东（右）参加在北京广播电视台举办的纪录新时代——第六届国产纪录片及创作人才推优活动时的合影

陈光忠指出，这应该是有筋骨、有灵魂、有情怀、有意境的一部短小精悍的片子，越精粹、越动人，"拿一个大筐，什么都往里装，这不是艺术表达。"他勉励大家："不要负重太多，不要把单纯的主题复杂化，要回到原先纯粹、清晰的道路上来。"

讨论中也有人提出，是不是线索铺展要再收一点，从容国团生平、国乒发展延伸到中华体育精神即可？但执行总导演李凯认为，以当下视角解读容国团、中国乒乓球队、中国体育乃至中华民族拼搏奋斗精神，层层深入，正是这部纪录片的特点和亮点，"只是现在打通得不太顺利"。执行总导演林卫旗也认为，"方向是对的，故事稍微松散，我们可以在'拼劲'上进一步下功夫。"

最后闫东拍板："把主题砸实了，与主题无关的故事，一概删除。"取舍之间，最见真功夫。闫东要求大家"创作思路要清晰，材料往哪里放，怎么讲故事，直接关乎片子的宽度、广度、深度和高度。不管大故事还是小故事，要扎扎实实地找细节。故事决定成败，故事挖掘不到位，精神就是散的，故事撑起来了，片子的内容也能更丰富，精神也能更充实。"

央视热播拼搏精神激荡荧屏内外

在"人生能有几回搏"精神的指引下，创作组埋头攻关，以最快速度理清了思路，扫清前进道路上的障碍，创作重新回到"快车道"。初剪完成后，音乐编辑、混音、旁白配音、后期包装等工作相继进场。从2021年9月开始，该片做到每月两审，来自体育界、史学界、纪录片界的专家集思广益，提出不少真知灼见，助力创作组对影片细节进行最后完善。

2021年11月16日，中共珠海市委常委、宣传部部长谈静，珠海传媒集团有限责任公司董事长孙锡炯，在观看过该片样片后评价："片子确实高水平，紧扣主题主线、眼光独到、故事性强，好看不枯燥，彰显央视水平。"

2021年11月19日，在最后的冲刺阶段中，创作组在中央人民广播电台查询资料时再添惊喜，他们发现了20世纪五六十年代容国团的采访录音，并在上海音像资料馆找到了留存的原始音频。这三段采访录音与容国团自传手稿都是首次在电视节目中与观众见面，为该片新增一个亮点，凸显了其文献价值。

2021年12月，纪录片《人生能有几回搏》经过创作组十多轮次反复修改后终于完成。2022年1月3日22:00，于北京冬奥会倒计时一个月的重要时间节点，在央视科教频道首播，正好呼应了"燃情冰雪，拼出未来"的火热备战氛围，拼搏精神激荡荧屏内外。

对这部纪录片的播出，媒体进行了广泛报道：《学习强国》平台在首页刊发《纪录片〈人生能有几回搏〉亮相央视》的文章，并将该节目全片推送。总台创新发展研究中心"CMG观察"微信公众号以《新年想给自己"充能"？这部纪录片别错过》为标题对节目进行了深入报道。《人民日报》、央视网、央视频、《中国电视报》、《澳门日报》、环球网、"今日头条"等也对节目进行了宣传。

社会各界给予这部纪录片高度评价。国家博物馆党委书记、副馆长单威说："这部影片让我们'60后'感到非常亲切，不论是参加高考，学习科学技术知识，还是投身改革开放和社会主义现代化建设的各项事业，我们都是在'人生能有几回搏'这个时代之问、历史之问的激励下去努力，去奋斗。今天再回头看看，让人感慨万分。我们国家能取得巨大的成功，与这种精神的鼓舞是分不开的。"

上海体院中国乒乓学院副院长、前中国乒乓球女队教练陈彬说："容国团的精神是非常可贵的。他的拼搏精神的传承，对现在年轻人形成正确的人生价值观，将起到非常重要的作用。"

广州体育学院组织体育艺术学院容国团班级的同学集体收看了该片。同学们纷纷表示："我们正值青春芳华，此时不搏，更待何时！""身为广体学子，身为容国团班级的一员，我们要自觉担当起青年人的责任，奋楫争先，进一步巩固专业知识基础，练就过硬的专业本领，助力中华民族以更加雄伟的身姿屹立于世界东方。"

容国团夫人黄秀珍评价这部纪录片"很好！祝贺你们！"。中国乒乓球队原运动员、广东省乒乓球队原教练胡克明为该片主创点赞："每一句话、每一个细小的问题，所有的真实情况，你们都很努力地去寻找、去证实。很多镜头虽然是黑白的，但是很珍贵，这跟你们的努力是分不开的。"

这次创作，是又一次的不忘初心

在总导演闫东看来，一部优秀的作品担负着"为时代画像、为时代立传、为时代明德"的重要使命。"2019年是新中国成立70周年，在中宣部等表彰的'最美奋斗者'中，就有容国团的名字。和他一起'上榜'的，有屠呦呦、袁隆平这样的'国之大家'，有改革开放以来各界有分量的人物，这说明国家没有忘记他，人民没有忘记他，历史没有忘记他，说明他的价值是经得起时间检验的，这个时代依然需要他。我们做这部纪录片，是回应时代对容国团拼搏精神的呼唤。"

"人生能有几回搏，此时不搏更待何时！"穿越一个甲子，容国团当年的振臂一呼，今天依旧振聋发聩。这不仅是一种人生哲理，一种积极的生活态度，更与中国精神相契合。今天，"两个一百年"奋斗目标历史交汇，我们开启了全面建设社会主义现代化国家新征程，站在崭新的历史起点上，身处世界百年未有之大变局叠加新冠肺炎疫情全球大流行的复杂形势之中，就更加需要这种精神。正如国家博物馆党委书记、副馆长单威所说，这部纪录片"不仅震撼我们，更唤起我们在当今复杂多变的国际国内形势下，要保持清醒的头脑、昂扬的斗志、拼搏的精神"。

多年来，闫东一直致力于重大题材纪录片创作，如果换一个角度来重新梳理这些作品，那么《长征》《东方主战场》《英雄儿女》讲的是战争年代的"人生能有几回搏"；《我们走在大路上》《港珠澳大桥》讲的是建设年代的"人生能有几回搏"；《敢教日月换新天》告诉我们，正因为有了"为有牺牲多壮志，敢教日月换新天"的大无畏气概，中国共产党才历经百年而风华正茂、饱经磨难而生生不息。

闫东团队的一部部作品，勾画出一代代中华儿女砥砺奋进、自强不息的壮丽图卷。为时代立传、为历史存真，建构国家的影像典藏，是几代纪录片人的不懈追求，也是闫东和他的团队一直为之努力奋斗、拼搏的方向。创作纪录片《人生能有几回搏》，于他们而言，是又一次的不忘初心。而容国团这句励志名言，也早已经融化进他们的血液，成为创作的不竭动力和精神的指路明灯。

在总台央视科教频道播出后，纪录片《人生能有几回搏》不仅相继在体育频道、奥林匹克频道重播，激励着中国冰雪健儿在北京2022年冬奥会和冬残奥会的赛场摘金夺银，勇创佳绩，其粤语版还于1月29日、30日登陆香港开电视频道、香港国际财经台、有线综合娱乐台。

香港有线中国区助理总经理白丽表示："这部励志作品体现了我们一直以来对努力拼搏精神的传承。我们香港有线定于北京冬奥会开幕前一周播出该片的粤语版，相信这对现阶段香港市民有很强大的引领和激励作用，更能增强国家意识和爱国精神！"

不仅如此，该片还将同步译制成多语种版本，在中国国际电视台（CGTN）推出，向世界讲好拼搏奋进的中国故事，展现根植于博大精深中华文明的奋斗拼搏精神。

而闫东和他的团队，早已怀抱"人生能有几回搏"的热情，积极投身于又一部"大片"的创作之中。

梦在前方，路在脚下，征途漫漫，唯有拼搏！

踔厉奋发、笃行不怠，才能不负韶华，不负新时代！

（作者孙莲莲：中国电视报记者，曾参与《长征》《港珠澳大桥》《我们走在大路上》《敢教日月换新天》等纪录片的报道工作）

纪录片《人生能有几回搏》大事记

2014年底至2017年2月1日 总导演闫东在珠海拍摄纪录片《港珠澳大桥》期间，锁定容国团为下一部纪录片创作选题。

2017年5月 中央广播电视总台社教节目中心节目部负责人闫东总导演与珠海传媒集团董事长孙锡炯会面，确定联合摄制纪录片《容国团》。

2017年10月 珠海市委宣传部立项拍摄纪录片《容国团》。

2017年10月29日至2018年12月 在总导演闫东带领下创作组进行纪录片《容国团》的前期调研工作。

2019年1月4日 申请珠海市文艺精品创作生产扶持经费。

2019年12月11日 纪录片总导演闫东带领创作组前往珠海瞻仰容国团雕像。

2020年3月17日至19日 纪录片《容国团》珠海创作组首次创作讨论会，总导演闫东提出问题：我们为什么拍摄这部片子，要切实激发自身的血性和情怀！

2020年3月20日 纪录片《容国团》创作组前往珠海唐家湾调研，探访容国团传记作者何志毅，先后搜集到关于容国团的照片932张，11个小时的录音素材。

2020年3月31日 创作团队确定这部纪录片的叙事策略和叙事风格。

2020年4月6日 总导演闫东确定了纪录片《容国团》主要创作思路：容国团三次重要的赛事，三个冠军，构成我们纪录片的三部曲。

2020 年 4 月 16 日　珠海市委宣传部正式给中央广播电视总台社教节目中心出函——《关于诚邀联合摄制纪录片容国团的函》。

2020 年 5 月 9 日　纪录片《容国团》列入珠海市宣传文化发展专项资金2020 年度资助项目。

2020 年 5 月 14 日　上午，纪录片创作组前往广州体育学院，与广州体育学院领导讨论选题《容国团》；下午，创作组采访了容国团同时代的运动员蔡明枢、胡克明、区盛联等。

2020 年 5 月 24 日　总导演闫东与创作组进行视频会议，提出这部纪录片是时代对"人生能有几回搏"精神的呼唤。

2020 年 5 月 31 日　总导演闫东带领创作组讨论纪录片《容国团》故事梗概。

2020 年 6 月 8 日至 13 日　纪录片《容国团》创作团队部分成员一行五人，前往上海体育学院、国际乒乓球联合会博物馆接洽后续采访事宜，拜访了容国团队友杨瑞华、学生郑敏之以及一些民间人士。

2020 年 6 月 21 日　纪录片《容国团》申报中央广播电视总台重点选题立项。

2020 年 7 月 13 日至 16 日　创作组前往广州、深圳调研拍摄。

2020 年 9 月 16 日　经过一年多的时间调研筹备，纪录片《容国团》创作组在北京集结。

2020 年 9 月 17 日　中央广播电视总台社教节目中心主任阚兆江、特别节目部主任闫东与珠海传媒集团总编辑宁桂飞、副总编辑陈晓军等于北京影视之家会面，就纪录片《容国团》摄制推进工作进行了深入交流。

2020 年 9 月 25 日　总导演闫东带领创作组一行十人，来到北京万安公墓容国团墓前祭扫，缅怀容国团的光辉事迹，要求全体创作人员以容国团"人生能有几回搏"的精神投入纪录片创作。

2020年9月27日 中秋节前夕,闫东总导演率领剧组五人拜访黄秀珍,向老人家表示节日的问候。介绍了纪录片《容国团》筹备情况,希望影片制作能够得到黄秀珍老师的帮助与支持,黄秀珍老师表示会全力配合纪录片未来的拍摄采访工作。

2020年10月20日至12月31日 创作组多次进入央视音像资料馆、新闻电影制片厂、国家图书馆等机构,同时,在互联网上查询百代影像档案、香港图片世界、德国联邦档案馆、美联社、路透社、纽约时报等机构网站,查询搜集了大量容国团、中国乒乓球队等20世纪五六十年代的影像资料。

2020年10月31日 创作组讨论纪录片脚本写作。

2020年11月13日 创作组进行了文稿创作讨论会,会议确定脚本的框架和思路,阐述了纪录片的目前情况、创作初衷以及意义。

2020年12月13日 总导演闫东赴珠海与《容国团》作者何志毅、珠海传

媒集团领导会面交流,并与在北京、武汉的创作人员进行了视频交流文本创作,确定片名由《容国团》更改为《人生能有几回搏》。

2020年12月20日 完成第一稿。

2020年12月28日 邀请张长江、童宁等专家,对纪录片《人生能有几回搏》脚本进行讨论。

2021年1月13日 中国纪录片泰斗陈光忠老师为纪录片《人生能有几回搏》初稿提出建议。

2021年1月29日 纪录片《人生能有几回搏》经广东省广播电视局上报国家广电总局申报《关于国家广电总局2021—2025年"十四五"纪录片重点选题规划》。

2021年1月29日至2月2日 摄制组在珠海拍摄容国团家乡南屏镇。

2021年4月20日 创作组前往北京工人体育馆,沟通拍摄事宜。

2021年5月6日　创作组讨论文本修改。

2021年5月25日　创作组开始纪录片《人生能有几回搏》的初剪工作。

2021年5月27日至6月1日　创作组开始沟通联络德国、匈牙利、斯洛文尼亚、日本的人物采访事宜。

2021年6月3日至7月28日　摄制组克服疫情困难，通过中央广播电视总台欧洲总站、亚太总站，协助完成纪录片《人生能有几回搏》在德国、匈牙利、斯洛文尼亚、日本的人物采访。

2021年6月9日　国家广电总局重大题材办专家就纪录片《人生能有几回搏》提出稿件修改意见。

2021年6月11日　创作组就纪录片《人生能有几回搏》总局重大题材反馈意见，进行了研讨。

2021年6月10日至7月31日　创作组邀请香港有线电视参与拍摄纪录片《人生能有几回搏》中容国团在香港

的故事。

2021年6月21日　创作组根据总导演闫东提出的修改建议，重新修改了稿件。

2021年8月7日至8日　摄制组前往广州拍摄，采访蔡明枢、胡克明、区盛联。

2021年8月15日　摄制组前往北京工人体育馆进行外景拍摄，并采访工人体育馆设计师熊明。

2021年8月16日　摄制组前往工人体育馆采访宋世雄。

2021年8月17日　摄制组采访黄秀珍、庄家富。

2021年8月16日至20日　中央广播电视总台驻上海记者站协助完成纪录片《人生能有几回搏》上海部分的拍摄工作。

2021年9月8日至12月8日　创作组与德国联邦档案馆取得联系，开始沟通容国团 1959 年第 25 届世乒赛实况素材购买事宜。

2021 年 9 月 10 日　创作组就纪录片《人生能有几回搏》的初剪版进行第一次审片。

2021 年 9 月 13 日　总导演闫东就创作要点提出纪录片剪辑修改思路。

2021 年 9 月 15 日　纪录片《人生能有几回搏》进入音乐编辑、混音、旁白配音工作。

2021 年 9 月 30 日　纪录片《人生能有几回搏》进入后期包装制作。

2021 年 10 月 6 日　创作组就纪录片《人生能有几回搏》影片进行第二次审片。

2021 年 10 月 25 日　创作组就纪录片《人生能有几回搏》影片进行第三次审片。

2021 年 11 月 1 日　创作组就纪录片《人生能有几回搏》影片进行第四次审片。

2021 年 11 月 5 日　创作组就纪录片《人生能有几回搏》影片进行第五次审片。

2021 年 11 月 16 日　珠海市委宣传部领导审看纪录片《人生能有几回搏》后评价：片子高水平，紧扣主题、彰显央视水平。

2021 年 11 月 19 日　创作组在中央人民广播电台查询到容国团的采访音频，并查询到上海音像资料馆留存的原始音频。

2021 年 11 月 26 日　社教节目中心就纪录片《人生能有几回搏》的播出事宜向总台领导汇报，初步确定：可在科教、体育和奥林匹克频道择时播出。

2022 年 1 月 3 日　纪录片《人生能有几回搏》晚间 22:00 在央视科教频道首播。

2022 年 1 月 3 日　各媒体进行了宣

传报道：《学习强国》在首页刊发"纪录片《人生能有几回搏》亮相央视"的文章，以及纪录片全片推送。《CMG观察》以《新年想给自己"充能"？这部纪录片别错过》为标题对节目进行了深入报道。《人民日报》、央视网、央视频、《中国电视报》、《澳门日报》、环球网、"今日头条"等也对节目进行了宣传。

2022年1月5日　创作组收到各方传来的纪录片《人生能有几回搏》观看反馈。国家博物馆党委书记、副馆长单威；中央网信办网络传播局重点新闻传播处处长刘庆生；中关村管委会任副主任（正局级）夏颖奇；2008年北京奥运会男团冠军陈一冰；上海体院中国乒乓学院副院长陈彬；容国团夫人、中国田径队原运动员黄秀珍；广东省乒乓球队原教练胡克明；德国乒乓球收藏家君特·安让特；容国团家乡珠海南屏镇南屏村村民容瑞平等观看后给予好评。各网络平台反响强烈，网友纷纷留言。据不完全统计，截至2022年1月4日晚23时，该片完整版和各类宣推链接在全网点击量超过200万。

2022年1月5日　珠海广播电视台20:05播出纪录片《人生能有几回搏》。

2022年1月5日　中央广播电视总台第2期《工作日报》报道，社教中心纪录片《人生能有几回搏》反响热烈。

后　记

2022年1月20日，大寒节气。北京迎来初雪。

上午10点，回访了83岁的黄秀珍老师（容国团夫人），她说的第一句话："纪录片《人生能有几回搏》很好！真实！"能得到如此中肯的评价，这是对我们纪录片人的肯定，我心中十分感慨。还记得2020年9月27日，中秋节前夕，第一次拜访黄老师的时候，我心中就下定决心，一定要把容国团拼搏精神的故事呈现好。

黄老师说的另一番话令我印象颇深。她说："夺取这三块金牌的过程，主要是为国争光。当时国家处于困难时期，但国家体委对我们运动员特别重视，克服万难保证我们营养供应。所以我们每一块金牌的取得，都凝结着祖国人民的无限期待，我们心中只有拼搏。"

是啊，1961年容国团喊出的"人生能有几回搏"激励着一代又一代中国人勇敢拼搏、披荆斩棘、奋勇前进。2022年1月4日，习近平总书记在北京考察2022年冬奥会、冬残奥会筹办备赛工作时强调，人生能有几回搏，长期准备、在此一举。希望大家增强为国争光的志气和勇气，坚持拼字当头，敢于拼搏、善于拼搏，在奥运赛场展现新时代中国运动员的精神风貌和竞技水平，力争在竞技上、道德上、风格上都拿最好的奖牌。在北京冬奥会倒计时一个月之际，纪录片《人生能有几回搏》的播出生动形象地还原了容国团的音容笑貌，唤醒了社会大众的历史记忆，再现了那个激动人心的奋进时代。

窗外雪花正在飞舞，大雪是对大寒节气的致敬。飘舞的雪花不禁把我的思绪拉回到2019年，在珠海与容国团初次灵魂碰撞的日子。

我成长于20世纪六七十年代北京航天大院，中国航天人所展现的"两弹一星"精神、"载人航天"精神等伟大精神对我影响甚深。2008年，我创作了口述历史纪录片《开创》，采访了奠定央视开创历史的50位功勋前辈；2012年，我创作口述历史纪录片《大鲁艺》，对激情燃烧的延安大鲁艺时期百位耄耋老人进行采访；2016年，创作口述历史纪录片《长征》，采访了50多位走过二万五千里长征路的红军老战士；2020年，创作口述历史纪录片《英雄儿女》时采访了101位参加过抗美援朝的志愿军老战士。后来，我仔细回想一下我的创作历程，常常是那些超越自我、超越生死又极具浪漫主义情怀的故事让我更有创作的激情和冲动，这些故事能唤发出我深藏内心的英雄情结。就是在珠海创作纪录电影《港珠澳大桥》期间，我与珠海市体育中心的容国团雕像不期而遇，让我一瞬间回忆起容国团的事迹，这次邂逅再一次点燃了我的创作热情。

在新中国百废待兴的艰难时刻，容国团为国家取得了第一个世界冠军，他无疑就是英雄。这种激励人心的英雄主义精神、爱国主义情怀，穿越时空，历久弥新，虽隔上一个甲子，仍令人心驰神往。

少年的我曾经是乒乓球迷，在学校和区级比赛中名列前茅。乒乓球作为国球，带动亿万人民投身体育热潮之中。"人生能有几回搏"是赛场上最让我们血脉贲张的一句战斗口号。

今天的我带领全体创作人员顽强拼搏，走访了数十位亲历者，已经82岁高龄的宋世雄老师重返北京工人体育馆，现场回忆当年乒坛盛事，让我们又一次感受到容国团反败为胜夺取冠军之后，体育馆内一片欢腾，全国听众和观众一片欢腾的喜悦与振奋。剧组搜集整理了4064张历史照片和超百万文字资料，拍摄4K超高清素材3700分钟，自审次数就达到16遍，片中每一分每一秒都见证了当年容国团和一大批中国运动员的辉煌历史。

我以我心、我手把容国团的故事以纪录片方式呈现给世人，这也是我与容国团在时空交错中的颔首致意，这是一个男人与另一个男人之间的精神约定。

再过十几天，北京冬奥会、冬残奥会将相继开幕。就像当年全国兴起乒乓热一样，"三亿人参与冰雪运动"，"更快、更高、更强、更团结"的奥林匹克精神，正在古老东方焕发新的青春。

此次出版这本书，对中国出版集团研究出版社的倾力相助我将铭记在心。此前，我们曾合作出版《旗帜》《科学发展铸辉煌》《大鲁艺》《延安延安》《国魂》等多部重大题材作品，赵卜慧社长对我厚爱有加，不舍昼夜组织人力投入出版设计，这份深情厚意都将激

后记

励我砥砺前行，不忘初心。

　　这部纪录片创作前后将近五年，中间经历了新冠肺炎疫情的考验。在本书出版之际，再次感谢我的忘年交、92岁的中国纪录片泰斗陈光忠老师；《容国团》作者何志毅老师；特别感谢黄秀珍老师的支持；感谢"学习强国"总编辑刘汉俊；感谢王甫教授和武汉体育学院的黄莉教授；感谢我的同学、有近40年深厚友谊的郭琳、张艺宰；感谢中央广播电视总台驻欧洲、亚太记者站的记者们，协助我完成了纪录片《人生能有几回搏》的境外采访拍摄；感谢香港有线电视台参与制作，在疫情期间帮助我完成香港部分的拍摄。也感谢我团队的每一位辛苦付出的伙伴，特别是与我合作近十年，由珠海传媒集团董事长孙锡炯率领的宁桂飞、陈晓军、常立波、林卫旗、李凯、张浩、沈正海等人，共同拍摄了纪录电影《港珠澳大桥》、纪录片《人生能有几回搏》；感谢为郎平、许海峰、邓亚萍、苏炳添、巩立姣、全红婵、陈梦、马龙留下精彩瞬间的摄影师。我们是在用"人生能有几回搏"的奋斗精神共同完成了该纪录片的创作，再次诚挚感谢大家！有你们，冬日也无尽温暖！

于 2022 年 1 月 20 日

大寒夜

闫东拜访容国团夫人黄秀珍